안상현 쌤의 맛있는 논술 레시피

학교 선생님이 콕 집은

초등처음 글쓰기

생각 표현하기

안상현 지음

체인지업

· 머리말 ·

"선생님, 뭐라고 써야 할지 모르겠어요."

　실제 초등학교 수업 시간에 아이들과 글쓰기를 할 때 가장 자주 듣는 말입니다. 아예 시작조차 하지 못하는 아이들, 문장 한 줄을 채우기도 어려워하는 아이들, 글쓰기 실력이 제자리인 아이들을 보며 '글쓰기가 왜 이렇게 어려울까?' 고민했습니다.

　글쓰기는 특별한 재능이 있어야만 잘할 수 있는 것이 아닙니다. 자신이 본 것, 들은 것, 느낀 것을 자연스럽게 글로 표현할 수 있도록 돕는다면 누구나 즐겁게 글을 쓸 수 있습니다.

　간단한 연습만으로도 글쓰기에 대한 흥미를 높일 수 있고, 당연히 실력도 향상될 수 있습니다. 제가 가르친 아이들이 직접 경험했거든요. 이 책은 바로 그런 고민에서 시작되었습니다.

1 기분과 느낌을 표현하는 글쓰기

2 특징을 표현하는 글쓰기

3 일어난 일을 표현하는 글쓰기

4 상상을 표현하는 글쓰기

    초등학교 1~2학년 국어 교과서에 나오는 글쓰기 목표(학습 목표/성취 기준)를 바탕으로, 아이들이 쉽게 따라 할 수 있는 글쓰기 방법을 정리했습니다.

    네 가지 주제를 중심으로, 글을 쓰는 과정을 하나하나 친절하게 안내하였습니다.

    무엇보다 아이들이 글쓰기를 부담스럽게 느끼지 않고 재미있게 접근할 수 있도록 구성했습니다.

    학교 현장에서 아이들이 어려워하는 부분을 풀어서 설명하고, 직접 따라해 볼 수 있는 다양한 활동도 담았습니다.

    이 책을 통해 아이들이 한 낱말, 한 문장을 스스로 써 내려가는 기쁨을 경험하기를 바랍니다. 글쓰기는 자신을 표현하는 힘을 길러 줍니다. 이 책이 아이들이 자신만의 생각과 느낌을 자신 있게 글로 표현하는 데 작은 도움이 되기를 바랍니다.

초등교사 안쌤

초등 처음 글쓰기는 어떤 책인가요?

1 **40일 동안** 매일 한 가지 주제에 대해 학습하여 표현력과 글쓰기 능력이 향상됩니다.

2 **교과와 연계**된 주제를 통해 교과 학습에 필요한 다양한 어휘를 익히고 활용할 수 있습니다.

3 꾸며 주는 말이나 이어 주는 말을 사용하여 다양한 문장을 만들어 보며 **표현력**을 길러 줍니다.

4 자신의 **경험을 바탕**으로 글을 쓰기 때문에 생각이 넓어지고 풍부한 글감을 떠올릴 수 있습니다.

5 글을 쓰는 것에 대해 부담스럽게 느끼지 않도록 하여 글쓰기에 대한 **자신감**을 키워 줍니다.

6 글을 쓰는 과정을 지루하게 느끼지 않도록 주제와 관련 있는 **그림**을 넣어 **흥미**를 높여 줍니다.

7 글쓰기를 위한 **효율적인 구성**으로 스스로 쉽게 학습할 수 있고 가정 학습이 가능합니다.

8 **어휘 익히기+문장 만들기+짧은 글쓰기**의 3단계 활동을 통해 어휘에서 글쓰기까지 연결됩니다.

9 각 장이 끝날 때마다 **글의 종류별 특징**을 설명하여 글의 종류별 특징을 익힐 수 있습니다.

 ## 초등 처음 글쓰기는 무엇을 학습하나요?

주제와 내용

1장 기분과 느낌을 표현해요
- 01일 즐거운 감정을 표현하기
- 02일 속상한 감정을 표현하기
- 03일 설레는 감정을 표현하기
- 04일 슬픈 감정을 표현하기
- 05일 다양한 감정을 표현하기
- 06일 시각을 표현하기
- 07일 청각을 표현하기
- 08일 후각을 표현하기
- 09일 미각을 표현하기
- 10일 촉각을 표현하기

3장 일어난 일을 표현해요
- 01일 가족과의 경험을 표현하기
- 02일 친구와의 경험을 표현하기
- 03일 날씨의 경험을 표현하기
- 04일 주말의 경험을 표현하기
- 05일 학교에서의 경험을 표현하기
- 06일 기념일의 경험을 표현하기
- 07일 반려동물과의 경험을 표현하기
- 08일 속담이나 격언을 표현하기
- 09일 공부에 대한 경험을 표현하기
- 10일 요리에 대한 경험을 표현하기

2장 특징을 표현해요
- 01일 나를 소개하기
- 02일 생김새를 표현하기
- 03일 성격을 표현하기
- 04일 취미를 표현하기
- 05일 직업을 표현하기
- 06일 사물의 기능을 표현하기
- 07일 동화를 이해하기
- 08일 관용 표현을 익히기
- 09일 계절의 특징을 표현하기
- 10일 우리 동네를 소개하기

4장 상상하여 표현해요
- 01일 책의 주인공과 대화하기
- 02일 이어질 내용을 상상하기
- 03일 주인공의 성격을 바꿔 상상하기
- 04일 시간을 바꿔 상상하기
- 05일 장소를 바꿔 상상하기
- 06일 상상을 자세히 표현하기
- 07일 미래의 나의 모습을 상상하기
- 08일 돈에 대해서 생각하기
- 09일 동물과 대화하기
- 10일 발명품을 상상하기

초등 처음 글쓰기는 어떻게 구성되었나요?

1 어휘를 익혀요

→ 주제와 관련하여 오늘 배울 다양한 어휘를 생각해 보고 초성과 함께 쉽게 익힐 수 있습니다.

2 문장을 만들어요

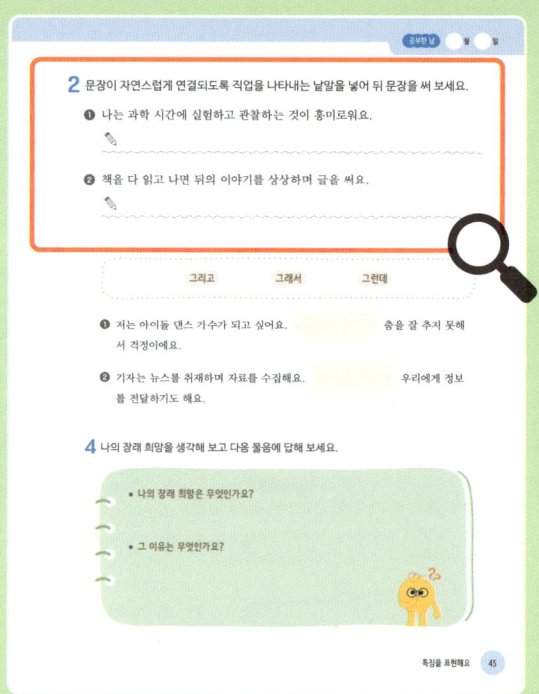

→ 주어진 낱말을 사용하여 문장을 만듭니다. 앞뒤 문장에 자연스럽게 어울리는 문장을 완성합니다.

 3 짧은 글쓰기를 해요

 4 선생님과 내 생각을 비교해요

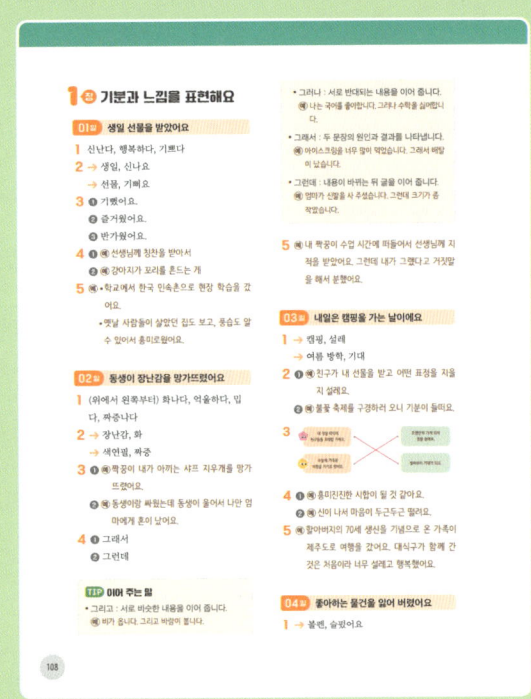

→ 그림의 내용을 생각하여 짧은 글쓰기를 합니다. 자신이 겪은 일을 떠올려 보고 그 일에 대해 짧은 글쓰기를 합니다.

→ 글상자에 채워 넣은 어휘가 맞는지 확인하고, 선생님의 생각과 나의 생각을 비교해 봅니다.

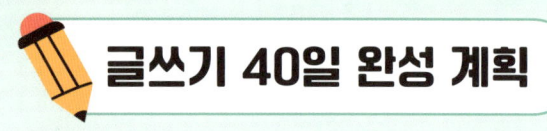

글쓰기 40일 완성 계획

장	일	주제	페이지	공부한 날	
1장 기분과 느낌을 표현해요	01	생일 선물을 받았어요	12	월	일
	02	동생이 장난감을 망가뜨렸어요	14	월	일
	03	내일은 캠핑을 가는 날이에요	16	월	일
	04	좋아하는 물건을 잃어 버렸어요	18	월	일
	05	나도 내 마음을 모르겠어요	20	월	일
	06	무지개의 색이 알록달록해요	22	월	일
	07	이웃집의 공사 소리가 시끄러워요	24	월	일
	08	누가 방귀를 뀌었어요	26	월	일
	09	새콤달콤하고 짭짤해요	28	월	일
	10	뜨거운 국물에 혀를 데었어요	30	월	일

장	일	주제	페이지	공부한 날	
2장 특징을 표현해요	01	나를 소개합니다	36	월	일
	02	나는 엄마를 닮았어요	38	월	일
	03	계속 놀리면 화가 나요	40	월	일
	04	피아노를 치면 즐거워요	42	월	일
	05	아빠는 회사원이에요	44	월	일
	06	제발 고장 내지 마세요	46	월	일
	07	책을 매일 읽어요	48	월	일
	08	보기 좋은 음식이 먹기도 좋대요	50	월	일
	09	여름에는 수영, 겨울에는 눈싸움	52	월	일
	10	특별한 장소에 다녀왔어요	54	월	일

장	일	주제	페이지	공부한 날	
3장 일어난 일을 표현해요	01	가족과 여행을 갔어요	60	월	일
	02	친구와 싸웠어요	62	월	일
	03	비가 내려요	64	월	일
	04	주말에는 도서관에 가요	66	월	일
	05	교실은 너무 즐거워요	68	월	일
	06	어린이날은 어린이를 위한 날이에요	70	월	일
	07	반려동물을 사랑해요	72	월	일
	08	시작이 반이래요	74	월	일
	09	더하기, 빼기는 너무 쉬워요	76	월	일
	10	일요일은 내가 요리사에요	78	월	일

장	일	주제	페이지	공부한 날	
4장 상상하여 표현해요	01	세종 대왕님과 이야기를 나누어요	84	월	일
	02	주인공은 행복하게 살았을까요?	86	월	일
	03	흥부와 놀부가 바뀌었어요	88	월	일
	04	타임머신을 타고 과거로 가요	90	월	일
	05	학교가 아니라 우주로 갔어요	92	월	일
	06	하늘을 나는 꿈을 꿨어요	94	월	일
	07	20년 뒤에 나는 어떤 모습일까요?	96	월	일
	08	갑자기 10만 원이 생겼어요	98	월	일
	09	우리 집 강아지가 말을 해요	100	월	일
	10	새로운 물건을 만들어요	102	월	일

1장 기분과 느낌을 표현해요

 눈으로 보는 것은 시각, 귀로 듣는 것은 청각, 코로 냄새를 맡는 것은 후각, 입에서 맛을 느끼는 것은 미각, 피부로 느끼는 것은 촉각입니다. 이 다섯 가지 감각을 오감이라고 합니다.

 가족들과 놀이공원에 갔을 때, 동생이 내 물건을 망가뜨렸을 때, 달리기 시합을 하다가 혼자 넘어졌을 때, 눈이 소복이 쌓인 겨울 풍경을 보았을 때 어떤 기분이 들었나요? 기분과 느낌, 감각을 표현하는 낱말을 익히고 활용하여 자신의 생각을 자세히 표현해 봅시다.

01일 생일 선물을 받았어요

생일에 친구에게 선물을 받았을 때, 가족들과 놀이공원에 갔을 때, 친구와 놀이터에서 놀았을 때 어떤 기분이나 느낌이 들었나요? 감정을 표현하는 다양한 낱말을 익히고 활용하여 글쓰기를 해 봅시다.

1 즐거운 감정을 표현하는 낱말을 모두 찾아 ○ 표시를 해 보세요.

신난다   미안하다   행복하다   기쁘다   서운하다

2 그림을 보고 빈칸에 들어갈 알맞은 낱말을 써 보세요.

→ 내일은 내 ㅅㅇ 이에요. 생일 파티를 할 생각을 하니 너무 ㅅㄴㅇ.

→ 부모님께 생일 ㅅㅁ 을 받았어요. 내가 갖고 싶었던 것이라서 정말 ㄱㅃㅇ.

3 빈칸에 들어갈 알맞은 낱말을 사용하여 문장을 완성해 보세요.

> 기쁘다   감동적이다   반갑다   즐겁다

① 학교에서 상장을 받아서 매우 _____

② 친구들과 놀이터에서 놀았더니 무척 _____

③ 오랜만에 할머니를 만나서 너무 _____

4 다음 상황에 어울리는 이유를 생각하여 문장을 완성해 보세요.

① _____ 기분이 정말 좋았어요.

② _____ 너무 사랑스러웠어요.

5 가장 즐거웠던 경험을 떠올려 보고 다음 물음에 답해 보세요.

- 어떤 일이 있었나요?

- 그때 어떤 생각이나 느낌이 들었나요?

02일 동생이 장난감을 망가뜨렸어요

동생이 내 물건을 망가뜨렸을 때, 친구와 함께 놀기로 했는데
친구가 약속을 어겼을 때, 부모님께 혼이 났을 때 어떤 기분이나 느낌이 들었나요?
감정을 표현하는 다양한 낱말을 익히고 활용하여 글쓰기를 해 봅시다.

1 기분이 나쁜 감정을 표현하는 낱말을 모두 찾아 ○ 표시를 해 보세요.

화나다   불쌍하다   억울하다
밉다   놀랍다   짜증나다

2 그림을 보고 빈칸에 들어갈 알맞은 낱말을 써 보세요.

→ 동생이 내가 만든 블록 [ㅈ][ㄴ][ㄱ]을 망가뜨렸어요. 나는 너무 [ㅎ]가 났어요.

→ 짝꿍이 내 [ㅅ][ㅇ][ㅍ]을 허락도 없이 사용했어요. 정말 [ㅉ][ㅈ]이 났어요.

3 결과를 나타내는 문장을 보고 원인을 나타내는 문장을 써 보세요.

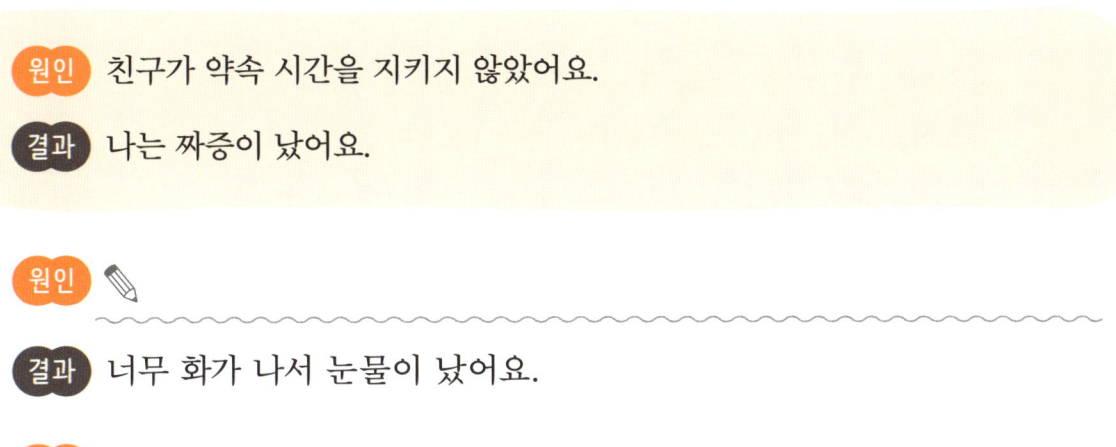

원인 친구가 약속 시간을 지키지 않았어요.
결과 나는 짜증이 났어요.

❶ 원인 ✏️ _____
   결과 너무 화가 나서 눈물이 났어요.

❷ 원인 ✏️ _____
   결과 동생이 너무 얄미웠어요.

4 두 문장이 자연스럽게 이어지도록 빈칸에 들어갈 알맞은 말을 찾아 써 보세요.

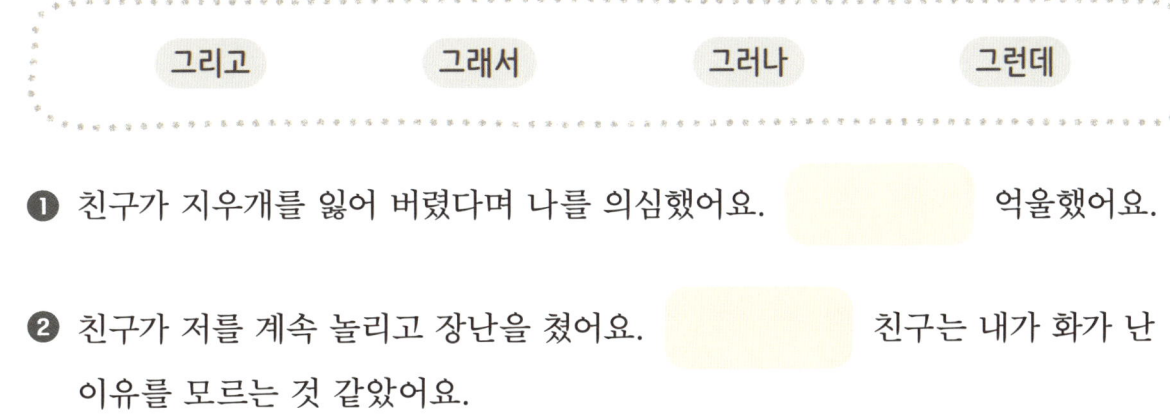

그리고   그래서   그러나   그런데

❶ 친구가 지우개를 잃어 버렸다며 나를 의심했어요. _____ 억울했어요.

❷ 친구가 저를 계속 놀리고 장난을 쳤어요. _____ 친구는 내가 화가 난 이유를 모르는 것 같았어요.

5 다음 낱말을 사용하여 짧은 글쓰기를 해 보세요.

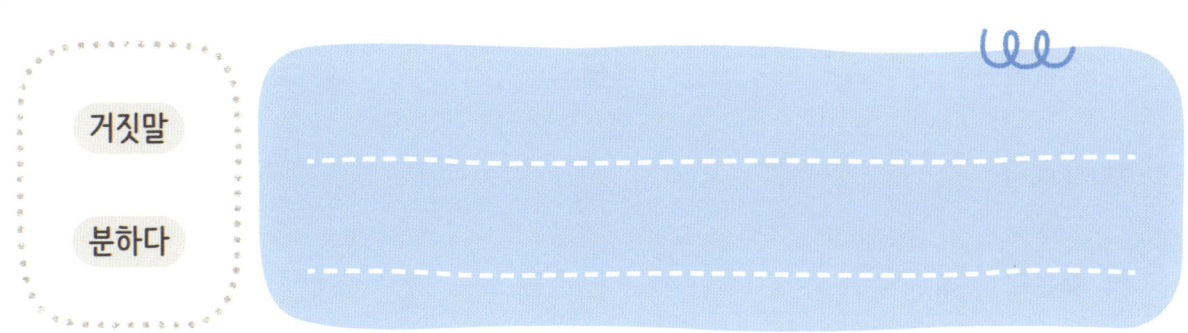

거짓말

분하다

03일 내일은 캠핑을 가는 날이에요

친구에게 생일 선물을 받았을 때, 여행을 가서 맛있는 음식을 먹었을 때, 학급 회장 선거를 앞두고 있을 때 어떤 기분이나 느낌이 들었나요? 감정을 표현하는 다양한 낱말을 익히고 활용하여 글쓰기를 해 봅시다.

1 그림을 보고 빈칸에 들어갈 알맞은 낱말을 써 보세요.

→ 내일은 ㅋ ㅍ 을 가기로 한 날이에요.
너무 ㅅ ㄹ 서 잠이 오지 않아요.

→ 이번 주부터 드디어 ㅇ ㄹ ㅂ ㅎ 이에요. 벌써 ㄱ ㄷ 가 돼요.

2 다음 낱말을 사용하여 문장을 만들어 보세요.

❶ 설레다

❷ 들뜨다

3 다음 문장에 어울리는 뒤 문장을 찾아 선으로 연결해 보세요.

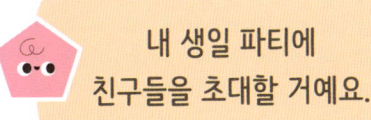

| 내 생일 파티에 친구들을 초대할 거예요. | • | • | 오랜만에 가게 되어 정말 설레요. |

| 주말에 가족과 여행을 가기로 했어요. | • | • | 벌써부터 기대가 돼요. |

4 꾸며 주는 말을 사용하여 두 문장이 자연스럽게 이어지도록 뒤 문장을 써 보세요.

❶ 체육 시간에 옆 반과 피구 시합을 하기로 했어요.

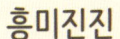 흥미진진 ＿＿＿＿＿＿＿＿＿＿＿＿＿＿＿＿＿＿＿＿＿＿＿＿

❷ 오늘 엄마와 케이크를 만들기로 했어요.

두근두근 ＿＿＿＿＿＿＿＿＿＿＿＿＿＿＿＿＿＿＿＿＿＿＿＿

5 가장 설레었던 경험을 떠올려 보세요. 어떤 일이 있었고, 그때 어떤 생각이나 느낌이 들었는지 짧은 글쓰기를 해 보세요.

04일

좋아하는 물건을 잃어 버렸어요

아끼는 물건이 고장 났을 때, 친구와 말다툼을 해서 사이가 나빠졌을 때, 계산 실수로 아는 문제를 틀렸을 때 어떤 기분이나 느낌이 들었나요? 감정을 표현하는 다양한 낱말을 익히고 활용하여 글쓰기를 해 봅시다.

1 그림을 보고 빈칸에 들어갈 알맞은 낱말을 써 보세요.

→ 내가 제일 아끼는 [ㅂ][ㅍ]을 친구가 빌려 갔어요. 그런데 친구가 그것을 잃어 버려서 정말 [ㅅ][ㅍ][ㅇ][ㅇ].

→ 소영이가 내 [ㅂ][ㅁ]을 다른 친구에게 말했어요. 나는 소영이에게 [ㅅ][ㅁ][ㅎ][ㅇ][ㅇ].

→ 수업 시간에 짝꿍과 [ㅈ][ㄴ]을 쳤는데 선생님께 나만 혼이 났어요. 너무 [ㅅ][ㅅ][ㅎ][ㅇ][ㅇ].

2 다음 낱말을 사용하여 자연스럽게 이어지는 뒤 문장을 써 보세요.

❶ 발표 준비를 열심히 했는데 실수를 했어요.

　　아쉽다

❷ 주말에 아빠와 자전거를 타기로 했는데 아빠가 출근을 하신대요.

　　서운하다

3 그림 속의 주인공은 다른 친구들의 모습을 보고 어떤 생각을 했을지 써보세요.

4 너무 슬퍼서 눈물을 흘렸던 경험을 떠올려 보고 물음에 답해 보세요.

- 어떤 일이 있었나요?

- 그때 어떤 생각이나 느낌이 들었나요?

05일

나도 내 마음을 모르겠어요

달리기 시합을 하다가 혼자 넘어졌을 때, 교실 앞에 나가서 발표를 했을 때, 친구가 나에게 도움을 요청했을 때 어떤 기분이나 느낌이 들었나요? 감정을 표현하는 다양한 낱말을 익히고 활용하여 글쓰기를 해 봅시다.

1 그림에 어울리는 문장을 선으로 연결하고 빈칸에 들어갈 알맞은 말을 써 보세요.

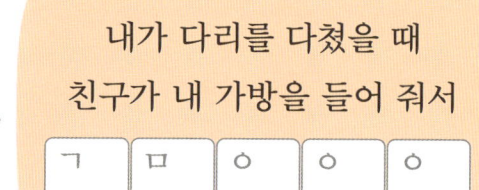

내가 다리를 다쳤을 때 친구가 내 가방을 들어 줘서

| ㄱ | ㅁ | ㅇ | ㅇ | ㅇ |

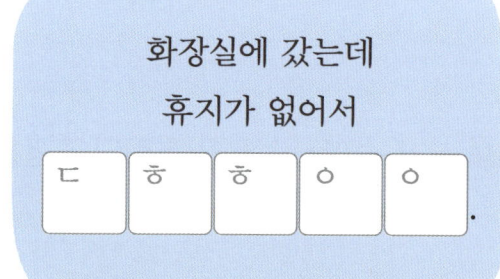

화장실에 갔는데 휴지가 없어서

| ㄷ | ㅎ | ㅎ | ㅇ | ㅇ |

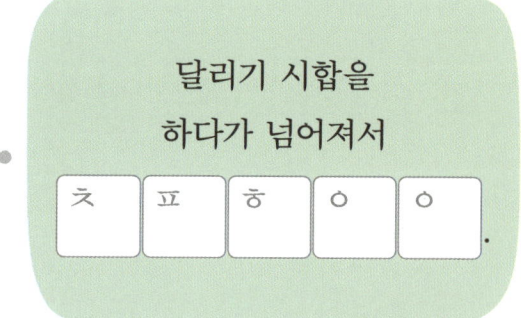

달리기 시합을 하다가 넘어져서

| ㅊ | ㅍ | ㅎ | ㅇ | ㅇ |

2 다음 문장을 보고 자연스럽게 이어지도록 감정이 나타나는 뒤 문장을 써 보세요.

① 아침에 늦잠을 자서 학교에 지각을 했어요.
_____

② 오늘은 피아노 학원, 태권도 학원 그리고 논술 학원까지 다녀왔어요.
_____

3 두 문장이 자연스럽게 이어지도록 빈칸에 들어갈 알맞은 이어 주는 말을 찾아 써 보세요.

> 그래서   그러나   그런데

① 선생님께서 갑자기 나에게 질문을 하셨어요. _____ 머릿속이 하얗게 변할 만큼 긴장이 됐어요.

② 동생과 싸우다 화가 나서 동생에게 밉다고 말했어요. _____ 속마음은 그렇지 않아서 동생에게 미안해요.

③ 시험 공부를 열심히 했어요. _____ 긴장을 해서 결과가 안 좋아요.

4 다음 문장을 보고 이어 주는 말에 연결되는 뒤 문장을 완성해 보세요.

> 자고 일어났더니 배가 너무 아파요.

① 그리고 _____

② 그래서 _____

기분과 느낌을 표현해요

06일 무지개의 색이 알록달록해요

해가 질 즈음 붉게 물든 하늘을 보았을 때, 눈이 소복이 쌓인 겨울 풍경을 보았을 때 어떤 기분이나 느낌이 들었나요? 시각을 통해 느낄 수 있는 장면을 표현하는 다양한 낱말을 익히고 활용하여 글쓰기를 해 봅시다.

1 그림을 보고 이름, 모양, 색깔, 크기 등 특징을 나타내는 말을 써 보세요.

→ | ㅊ | ㄱ | ㄱ | 처럼 둥근 모양이에요.
→ | ㅃ | ㄱ | 색이에요.
→ | ㅈ | ㅁ | 크기와 비슷해요.

→ | ㅂ | ㅇ | 모양이에요.
→ 여러 가지 | ㅇ | ㄹ | ㄷ | ㄹ | 한 색깔이에요.
→ | ㅂ | 가 온 뒤에 하늘에 생겨요.

→ | ㅅ | ㄱ | ㅎ | 모양이에요.
→ 주로 | ㄱ | ㅇ | 색이 가장 많아요.
→ | ㄹ | ㅁ | ㅋ | 을 이용하여 조정할 수 있어요.

22

2 다음은 무엇에 대한 설명인지 빈칸에 들어갈 알맞은 낱말과 특징을 써 보세요.

❶ ☐ ☐
- 모양 커다란 직사각형
- 색깔 초록색 또는 흰색
- 특징 ✎ ～～～～～～～～～

❷ ☐ ☐
- 모양 둥근 모양
- 색깔 겉은 초록색, 속은 빨간색
- 특징 ✎ ～～～～～～～～～

3 그림을 보고 빈칸에 들어갈 알맞은 낱말을 넣어 문장을 완성해 보세요.

❶ 구름은 마치 ＿＿＿＿＿ 같이 포근해요.

❷ 보름달은 하늘 위 ＿＿＿＿＿ 처럼 생겼어요.

❸ 할머니의 마음은 ＿＿＿＿＿ 만큼 넓어요.

4 색깔과 모양, 크기 등 특징이 비슷한 사물을 떠올리며 이야기를 완성해 보세요.

원숭이 엉덩이는 ☐☐ → 빨간 것은 ☐☐ → 사과는 ☐☐☐

→ 맛있는 것은 ☐☐☐ → 바나나는 ☐☐ → 긴 것은 ☐☐

기분과 느낌을 표현해요

07일 이웃집의 공사 소리가 시끄러워요

비 오는 소리를 들었을 때, 바닷가에서 파도 소리를 들었을 때, 교실에서 친구들이 떠드는 소리를 들었을 때 어떤 기분이나 느낌이 들었나요? 청각을 통해 느낄 수 있는 소리를 표현하는 다양한 낱말을 익히고 활용하여 글쓰기를 해 봅시다.

1 그림에 어울리는 소리를 흉내 내는 말을 찾아 써 보세요.

> 깔깔깔   쨍그랑   콸콸   째깍째깍
> 덜컹덜컹   우르릉 쾅   파닥파닥   꽈당

2 다음 문장에서 소리를 흉내 내는 말을 찾아 밑줄을 그어 보세요.

① 윗집에서 쿵쿵거리는 소리 때문에 잠을 잘 수 없었어요.

② 찬영이가 감기에 걸려서 콜록콜록 기침을 했어요.

3 소리를 흉내 내는 낱말을 넣어 문장을 완성해 보세요.

① 배가 고파서 배에서 　　　　　 소리가 났어요.

③ 고양이 목에 걸린 방울이 　　　　　 울렸어요.

4 〈아기 돼지 삼 형제〉의 한 장면을 보고 소리나 모양을 흉내 내는 말을 넣어 이야기를 만들어 보세요.

08일 누가 방귀를 뀌었어요

갓 구운 빵의 냄새를 맡았을 때, 공원에서 활짝 핀 꽃향기를 맡았을 때, 비가 온 뒤에 땅 냄새를 맡았을 때 어떤 기분이나 느낌이 들었나요? 후각을 통해 느낄 수 있는 냄새를 표현하는 다양한 낱말을 익히고 활용하여 글쓰기를 해 봅시다.

1 다음 문장에서 냄새(후각)를 표현하는 부분을 찾아 밑줄을 그어 보세요.

→ 방금 구운 빵에서 고소한 냄새가 나요.

→ 활짝 핀 꽃에서 향긋한 향기가 나요.

→ 할머니가 끓여 주신 미역국에서 구수한 냄새가 나요.

→ 빨래를 한 이불에서 나는 상쾌한 향이 좋아요.

2 그림에 어울리는 냄새를 표현하는 낱말을 찾아 써 보세요.

향긋하다   고소하다   싱그럽다   꼬리꼬리하다   상큼하다

3 다음 낱말을 사용하여 냄새를 표현하는 문장을 써 보세요.

❶ 풀잎

❷ 양치질

❸ 생선

4 그림을 보고 냄새를 표현하는 낱말을 넣어 짧은 글쓰기를 해 보세요.

새콤달콤하고 짭짤해요

상큼한 과일을 먹었을 때, 매운 음식을 먹었을 때, 엄마가 맛있게 끓여 주신 국이나 찌개를 먹었을 때 어떤 기분이나 느낌이 들었나요? 미각을 통해 느낄 수 있는 맛을 표현하는 다양한 낱말을 익히고 활용하여 글쓰기를 해 봅시다.

1 그림을 보고 맛을 표현하는 알맞은 낱말을 찾아 선으로 연결해 보세요.

  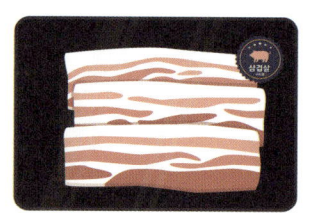

고소하다, 담백하다, 기름지다

달콤하다, 시큼하다, 새콤하다

짭짤하다, 고소하다, 바삭하다

2 여러 가지 음식의 맛을 떠올려 보고 알맞은 표현을 찾아 ○ 표시를 해 보세요.

❶ 급식에서 김치가 나왔어요. 나에게 아직 김치의 맛은 매워요 / 느끼해요 .

❷ 달콤한 / 씁쓸한 사탕을 먹은 후에는 꼭 양치질을 해야 해요.

❸ 설탕은 달고 / 짜고 , 소금은 달아요 / 짜요 . 요리에 실수로 잘못 넣으면 큰일이 나요.

❹ 엄마가 된장찌개를 끓이고 계세요. 구수한 / 느끼한 냄새 때문에 빨리 먹고 싶어요.

3 그림을 보고 음식의 이름과 재료, 맛, 특징을 표현해 보세요.

재료 →
맛 →
특징 → 바삭한 튀김이랑 먹어도 맛있어요.
       →

재료 →
맛 →
특징 → 톡 쏘는 콜라와 같이 먹어도 맛있어요.
       →

4 즐겨 먹는 음식을 떠올려 보고 재료와 맛, 특징을 표현해 보세요.

기분과 느낌을 표현해요

10일 뜨거운 국물에 혀를 데었어요

세탁기에서 바로 꺼낸 이불을 만졌을 때, 모래밭에서 모래를 만졌을 때, 차가운 얼음을 만졌을 때 어떤 기분이나 느낌이 들었나요? 촉각을 통해 느낄 수 있는 감각을 표현하는 다양한 낱말을 익히고 활용하여 글쓰기를 해 봅시다.

1 그림에 어울리는 문장을 찾아 선으로 연결하고 빈칸에 들어갈 알맞은 낱말을 써 보세요.

예방 주사의 바늘이 들어갈 때 | ㄸ | ㄱ | 했어요.

손에 꿀이 묻어서 | ㄲ | ㅈ | 거렸어요.

나는 특히 발바닥에 | ㄱ | ㅈ | ㄹ | 을 많이 타요.

2 1번의 빈칸에 쓴 낱말 중 두 개를 사용하여 문장을 만들어 보세요.

❶ ✏️ _____

❷ ✏️ _____

3 빈칸에 들어갈 촉각을 나타내는 알맞은 낱말을 찾아 써 보세요.

> 말랑말랑하다   폭신하다   시렵다
> 부드럽다   매끈매끈하다   거칠거칠하다

❶ 장갑을 끼지 않고 눈싸움을 했더니 손이 _____ .

❷ 강아지 털은 _____ 쓰다듬으면 기분이 좋아요.

❸ 베개는 _____ 하고 _____ 해서 좋아요.

❹ 놀이터에서 모래 놀이를 했는데 모래를 만지는 느낌이 _____ 했어요.

4 오늘 있었던 일을 그림으로 나타냈어요. 촉각을 나타내는 낱말을 사용하여 짧은 글쓰기를 해 보세요.

창의적 글쓰기

★ 내가 겪은 일 중에서 가장 설레고 즐거웠던 경험을 떠올려 보세요. 어떤 일이었고, 그때 어떤 생각이나 느낌이 들었는지 자세하게 글을 써 보세요.

지식 더하기

동시란?

어린이의 마음을 노래한 글로, 어린이를 위한 시입니다. 동시는 표현력을 길러 주고, 아름다운 마음과 말씨를 가꾸도록 해 줍니다.

1 동시의 특징

- ☑ 다른 글에 비하여 비교적 짧고, 비유법을 사용합니다.
- ☑ 연과 행으로 짜여 있습니다.

2 동시의 행과 연

- ☑ 행은 동시의 한 줄, 한 줄을 말합니다.
- ☑ 연은 행과 행이 합쳐져서 같은 뜻을 나타내는 동시의 한 단락을 말합니다.

3 동시를 쓰는 방법

- ☑ 꾸미지 않고 솔직하게 씁니다.
- ☑ 긴 글을 짧게 표현합니다.
- ☑ 비유의 표현을 사용합니다.
- ☑ 사진을 보듯 장면을 연상하며 생동감 있게 표현합니다.

4 동시를 감상하는 방법

- ☑ 중심 생각을 알아봅니다.
- ☑ 몇 연, 몇 행인지 알아봅니다.
- ☑ 아름다운 표현을 찾아봅니다.
- ☑ 분위기를 살려 낭송해 봅니다.

2장 특징을 표현해요

  새로운 친구나 새로운 사람들을 만났을 때 나에 대해 어떻게 설명할 수 있을까요? 나는 부모님 중에서 누구를 더 닮았고, 성격은 어떻고, 미래에 어떤 직업을 갖고 싶은지 등 나에 대해서 자세히 설명한다면 다른 사람이 나를 이해하기 쉬울 것입니다.

  사물이나 계절, 장소에 대해서 설명할 때도 각각의 특징을 자세하게 설명하는 것이 좋습니다. 특징을 표현하는 낱말을 익히고 활용하여 사람이나 사물의 특징을 자세히 표현해 봅시다.

01일 나를 소개합니다

새로운 친구들과 선생님을 만났을 때, 오랜만에 친척들을 만났을 때, 많은 사람들 앞에서 발표를 할 때 나를 어떻게 소개해야 할까요?
나를 소개하는 다양한 표현과 낱말을 익히고 활용하여 글쓰기를 해 봅시다.

1 나를 소개하기 위해 필요한 낱말을 모두 찾아 ○ 표시를 해 보세요.

주소   나이   이유   이름   성격   가족 행사

2 나를 소개하려고 해요. 빈칸에 들어갈 알맞은 낱말을 써 보세요.

→ 안녕하세요. 내 ☐☐ 를 하겠습니다.
내 ☐☐ 은 ☐☐☐ 입니다.

→ 내 ☐☐ 는 ☐ 살입니다.
지금 ☐☐ 초등학교 ☐ 학년입니다.

3 빈칸에 들어갈 알맞은 낱말을 써 보세요.

❶ 우리 _____ 은 아빠, 엄마 그리고 나와 동생이 있습니다.

❷ 나의 _____ 는 식물 관찰하기입니다.

❸ 나의 _____ 은 경찰관이나 소방관이 되는 것입니다.

4 나를 소개하는 문장을 읽고 자연스럽게 이어지는 앞 문장을 써 보세요.

❶ ✏️ _____

그 꿈을 이루기 위해 노력하고 있습니다.

❷ ✏️ _____

가끔 친구들 앞에서 실력을 뽐내기도 합니다.

5 가장 좋아하는 음식을 떠올려 보고 다음 물음에 답해 보세요.

- 내가 좋아하는 음식은 무엇인가요?

- 그 이유는 무엇인가요?

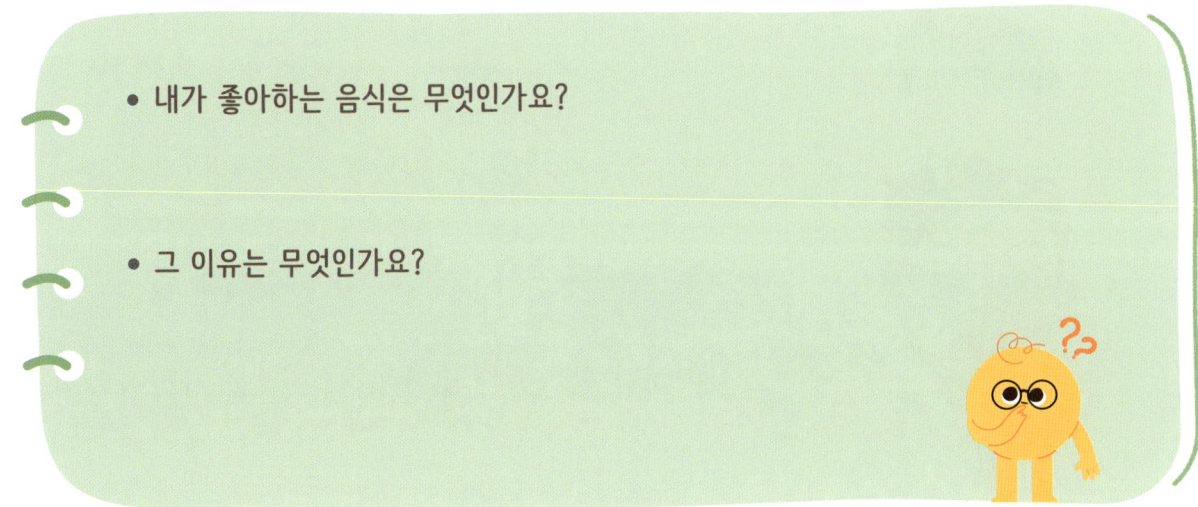

02일

나는 엄마를 닮았어요

길에서 이웃을 만났을 때, 할아버지와 할머니를 만났을 때, 엄마와 아빠의 친구분을 만났을 때 "너는 엄마를 닮았구나!"라는 이야기를 듣기도 해요. 나의 생김새를 표현하는 다양한 낱말을 익히고 활용하여 글쓰기를 해 봅시다.

1 생김새를 표현하기 위해 필요한 낱말이 <u>아닌</u> 것을 모두 찾아 ○ 표시를 해 보세요.

눈   공부   코   웃는 모습   신발

2 그림을 보고 빈칸에 들어갈 알맞은 낱말을 써 보세요.

→ 사람들이 나를 보고 ☐☐를 닮았대요.

그래서 ☐가 오뚝한 것 같아요.

→ 나는 아빠의 ☐☐과 비슷해요.

아빠처럼 반짝반짝 빛나는 ☐을 가졌어요.

3 빈칸에 알맞은 낱말을 넣어 그림을 자세하게 설명해 보세요.

세종 대왕님은 _____ 색 모자(익선관)를 쓰고 있습니다. 짙은 _____ 을 갖고 있고, _____ 을 길게 길렀습니다. 진지하고 근엄한 _____ 을 짓고 있습니다.

4 두 문장이 자연스럽게 연결되도록 빈칸에 들어갈 알맞은 이어 주는 말을 찾아 써 보세요.

> 그래서   그렇지만   왜냐하면

❶ 나는 곱슬머리에요. _____ 머리를 감으면 머리카락이 둥글게 말려요.

❷ 오늘부터 간식을 조금만 먹기로 했어요. _____ 한 달 전보다 몸이 통통해졌거든요.

❸ 키가 쑥쑥 자란다고 해서 우유를 많이 마셨어요. _____ 키가 많이 크지 않은 것 같아요.

5 다음 낱말을 사용하여 짧은 글쓰기를 해 보세요.

> 웃는 모습
> 해바라기

03일

계속 놀리면 화가 나요

평소에 차분하고 조용하다는 이야기를 많이 듣지만 친구가 자꾸 괴롭히거나 귀찮게 하면 크게 화를 내기도 해요. 나의 성격을 나타내는 다양한 표현과 낱말을 익히고 활용하여 글쓰기를 해 봅시다.

1 그림을 보고 빈칸에 들어갈 알맞은 낱말을 써 보세요.

→ 나의 짝꿍은 ㅎ ㅇ ㅍ 을 잘 빌려줘요.

정말 ㅊ ㅈ ㅎ 친구예요.

→ 민수는 성격이 ㅎ ㅂ 하고 재미있어요.

그래서 민수 옆에는 항상 ㅊ ㄱ 들이 많이 모여 있어요.

2 다음 낱말을 사용하여 문장을 만들어 보세요.

❶ 성실하다

❷ 내성적이다

3 다음 문장에 어울리는 뒤 문장을 찾아 선으로 연결해 보세요.

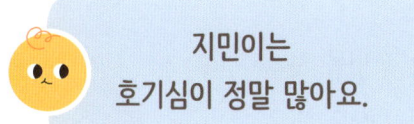 •   • 1년 동안 성실하게
지민이는   책을 100권이나 읽었어요.
호기심이 정말 많아요.

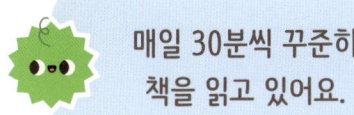 •   • 새로운 것을 배우고,
매일 30분씩 꾸준히   다양한 경험을 하려고 해요.
책을 읽고 있어요.

4 다음 낱말을 사용하여 자연스럽게 이어지는 뒤 문장을 써 보세요.

❶ 영수는 학급 전체 친구들과 사이좋게 지내요.

  _____

❷ 채원이는 항상 다른 사람의 기분을 생각하며 말하고 행동해요.

배려심 _____

5 나의 성격에 대해 생각해 보고 다음 물음에 답해 보세요.

• 나는 어떤 성격인가요?

• 나의 성격이 잘 드러나는 경험은 무엇이 있나요?

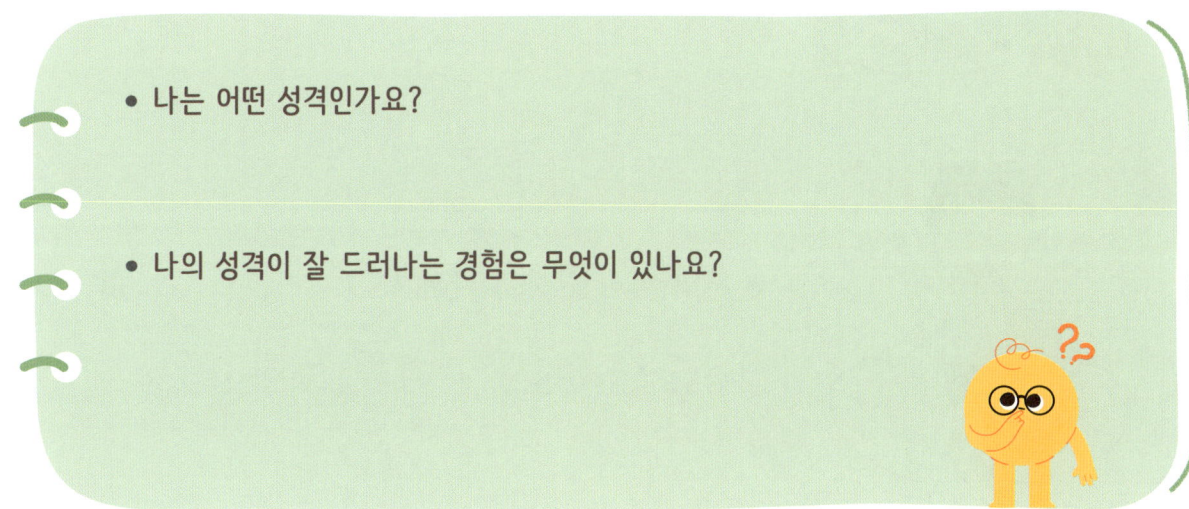

특징을 표현해요 41

피아노를 치면 즐거워요

학교가 끝나고 집에 왔을 때, 주말처럼 시간이 많을 때 주로 무엇을 하며 지내나요? 무엇인가를 즐기기 위해 하는 것을 취미 또는 여가 활동이라고 해요. 나의 취미를 소개하는 다양한 표현과 낱말을 익히고 활용하여 글쓰기를 해 봅시다.

1 그림을 보고 빈칸에 들어갈 알맞은 낱말을 써 보세요.

→ 나는 시간이 나면 틈틈이 [ㄷ][ㅅ] 를 해요. 책을 읽으면 [ㅅ][ㅅ][ㄹ] 이 풍부해지는 것 같아요.

→ 주말에는 엄마를 도와서 [ㅇ][ㄹ] 를 해요. 내가 만든 [ㅇ][ㅅ] 을 먹으면 기분이 좋아요.

→ 저녁 식사를 하고 나서 [ㅈ][ㄴ][ㄱ] 를 해요. 키도 크고 몸도 [ㄱ][ㄱ] 해져요.

2 다음 낱말을 사용하여 자연스럽게 이어지는 뒤 문장을 써 보세요.

① 우리 가족은 여행을 가면 사진을 많이 찍어요.

소중한 추억

② 악기를 연주하는 것은 우리의 마음을 표현하는 좋은 취미에요.

스트레스

3 그림을 보고 나의 경험을 떠올리며 생각이 나타나는 문장을 써 보세요.

4 나의 취미는 무엇이고, 그것을 하면 어떤 점이 좋은지 소개해 보세요.

05일 아빠는 회사원이에요

요즘 초등학교 학생들에게 인기 있는 장래 희망은 운동선수, 의사, 교사, 크리에이터라고 해요. 나의 장래 희망은 무엇인가요? 직업을 나타내는 다양한 표현과 낱말을 익히고 활용하여 글쓰기를 해 봅시다.

1 그림에 어울리는 문장을 찾아 선으로 연결하고 빈칸에 들어갈 알맞은 낱말을 써 보세요.

☐☐☐ 은 화재를 진압하고 구조 활동을 합니다.

☐☐☐ 은 학생들을 가르치고 지도합니다.

☐☐ 는 아픈 사람을 진찰하고 치료해 줍니다.

☐☐☐☐ 는 열심히 훈련하고 시합에 참여합니다.

2 두 문장이 자연스럽게 이어지도록 직업을 나타내는 낱말을 넣어 뒤 문장을 써 보세요.

❶ 나는 과학 시간에 실험하고 관찰하는 것이 흥미로워요.

❷ 책을 다 읽고 나면 뒤에 이어질 이야기를 상상하며 글을 써요.

3 두 문장이 자연스럽게 연결되도록 빈칸에 들어갈 알맞은 이어 주는 말을 찾아 써 보세요.

그리고   그래서   그런데

❶ 저는 아이돌 댄스 가수가 되고 싶어요. _____ 춤을 잘 추지 못해서 걱정이에요.

❷ 기자는 뉴스를 취재하며 자료를 수집해요. _____ 우리에게 정보를 전달하기도 해요.

4 나의 장래 희망을 생각해 보고 다음 물음에 답해 보세요.

• 나의 장래 희망은 무엇인가요?

• 그 이유는 무엇인가요?

06일

제발 고장 내지 마세요

만들기를 하면서 종이를 자를 때, 집에서 빨래를 할 때, 음식을 만들 때, 머리를 감고 물기를 말릴 때 등 여러 가지 물건을 사용해요. 물건의 기능을 나타내는 다양한 표현과 낱말을 익히고 활용하여 글쓰기를 해 봅시다.

1 그림을 보고 이름과 특징 등 빈칸에 들어갈 알맞은 낱말을 써 보세요.

하는일 종이나 물건을 ㅈ ㄹ ㅇ .
사용법 날 사이에 자를 ㅈ ㅇ 를 넣어요.
주의할점 날카로우니 ㅅ 이 베이지 않도록 조심해요.

하는일 ㅇ ㅍ 을 뾰족하게 깎아 줘요.
사용법 연필을 넣고 ㅅ ㅈ ㅇ 을 돌려요.
주의할점 연필 외에 다른 것을 넣으면 고장이 나요.

하는일 시원한 ㅂ ㄹ 이 나와서 땀을 식혀 줘요.
사용법 버튼을 눌러서 바람의 세기를 조절해요.
주의할점 날개 안으로 ㅅ ㄱ ㄹ 을 넣으면 위험해요.

2 사물의 특징을 보고 무엇에 대한 설명인지 써 보세요.

❶

→ 수업 시간에 책을 올려 놓아요.

→ 서랍 안에 교과서를 넣을 수 있어요.

→ 낙서를 하면 안 돼요.

❷

→ 깨끗한 물을 마실 수 있어요.

→ 차가운 물과 뜨거운 물이 나와요.

→ 뜨거운 물에 데지 않도록 조심해야 해요.

3 그림을 보고 빈칸에 들어갈 알맞은 낱말을 넣어 문장을 완성해 보세요.

❶ _____ 을 가까이에서 보면 시력이 나빠져요.

❷ 무더운 여름에도 _____ 덕분에 시원하게 지낼 수 있어요.

❸ 학교에서 개인 물건, 교과서, 준비물 등을 _____ 에 정리해요.

4 내가 자주 사용하는 물건과 사용 방법을 소개해 보세요.

07일 책을 매일 읽어요

책 속에는 다양한 인물들이 등장하고, 그 인물들을 통해 다양한 사건이 발생하기도 해요. 시간과 장소가 자주 바뀌기도 하지요. 책 속에 등장하는 주인공이나 제목 등 다양한 낱말을 익히고 활용하여 글쓰기를 해 봅시다.

1 동화에 등장하는 인물 중 서로 관계가 있는 인물을 찾아 선으로 연결해 보세요.

2 빈칸에 들어갈 알맞은 낱말을 써 보세요.

❶ 책의 [ㅈ][ㅁ] 을 보고 어떤 내용인지 상상할 수 있어요.

❷ 책을 읽을 때에는 주인공에게 어떤 [ㅅ][ㄱ] 이 발생했는지 살펴야 해요.

❸ 이야기가 언제, 어디서 일어났는지 [ㅅ][ㄱ] 과 [ㅈ][ㅅ] 도 파악해요.

3 어떤 종류의 책에 대한 설명인지 찾아 써 보세요.

> 역사책   동화책   백과사전   위인전

❶ 뛰어나고 훌륭한 사람의 업적과 삶을 기록한 책이에요. ✎ _____

❷ 어린이를 위하여 어린이의 마음을 바탕으로 지은 책이에요. ✎ _____

❸ 역사를 기록한 책이에요. ✎ _____

4 다음은 동화 〈토끼와 거북〉의 한 장면이에요. 내가 작가라면 토끼와 거북의 달리기 시합 결과를 어떻게 썼을지 생각하여 써 보세요.

08일

보기 좋은 음식이 먹기도 좋대요

'식은 죽 먹기', '밥 먹듯이 한다'처럼 둘 이상의 낱말이 합쳐져서 원래의 뜻과는 전혀 다른 새로운 뜻이 생기는 것을 관용 표현이라고 해요. 음식과 관련된 다양한 표현과 낱말을 익히고 활용하여 글쓰기를 해 봅시다.

1 관용 표현에 어울리는 설명을 찾아 선으로 연결해 보세요.

ㅂ ㅁ ㄷ 이 하다.

아주 쉬운 일이다.

ㅅ ㅇ ㅈ 먹기다.

상대의 생각도 모르고, 혼자 기대하고 있다.

ㄱ ㅊ ㄱ 마시다.

보통 일처럼 자주 하다.

2 앞에서 배운 관용 표현을 넣어 문장을 완성해 보세요.

① 희권이는 거짓말을 _____ 해서 더 이상 희권이의 말을 믿지 못하겠어요.

② 떡 줄 사람은 생각도 안 하고 있는데 혼자 _____.

③ 수학에서 덧셈, 뺄셈 문제는 완전 _____ 에요.

3 관용 표현에 어울리는 알맞은 낱말을 찾아 빈칸에 써 보세요.

> 약   고기   떡   콩

① _____ 심은 데 _____ 난다. → 원인에 따라 결과가 나타난다.

② 누워서 _____ 먹기 → 하기가 매우 쉽다.

③ _____ 는 씹어야 맛을 안다. → 실제로 겪어 보아야 한다.

4 다음 속담의 의미가 무엇인지 생각하여 써 보세요.

- 계란으로 바위 치기

여름에는 수영, 겨울에는 눈싸움

우리나라에는 봄, 여름, 가을, 겨울의 '사계절'이 있어요. 각 계절별로 나타나는 특징과 대표 음식, 놀이 등 계절과 관련된 다양한 표현과 낱말을 익히고 활용하여 글쓰기를 해 봅시다.

1 다음 그림은 어떤 계절의 모습인지 써 보고, 그 계절에 대한 알맞은 표현을 찾아 ○ 표시를 해 보세요.

❶ 봄이 오면 겨울의 차가운 바람 대신 따뜻한 / 차가운 바람이 불어요.

❷ 여름철에는 무더위를 피해 시원한 / 따뜻한 곳으로 휴가를 가요.

❸ 가을이 되면 나무들이 울긋불긋한 / 쌀쌀한 옷으로 갈아 입어요.

❹ 겨울이 기다려지는 이유는 눈이 오기 때문이에요. 흰 눈이 내리면 눈이 소복이 / 뽀드득 쌓여요.

2 각 계절을 대표하는 음식의 이름을 쓰고 어울리는 계절을 찾아 선으로 연결해 보세요.

봄   여름   가을   겨울

3 여름과 겨울의 공통점과 차이점을 생각하여 써 보세요.

계절		여름	겨울
공통점		• _____ 을 해요.	
차이점	날씨	• 날씨가 _____.	• 날씨가 _____.
	놀이	• _____ 에 놀러 가요.	• _____ 에 놀러 가요.

4 내가 좋아하는 계절과 그 계절을 좋아하는 이유를 써 보세요.

10일 특별한 장소에 다녀왔어요

우리 동네에서 가장 유명한 장소는 어디인가요? 역사적 유적지, 한적한 공원, 많은 사람이 찾는 맛있는 음식점? 주위 사람들에게 우리 지역을 소개할 수 있도록 동네와 관련된 다양한 표현과 낱말을 익히고 활용하여 글쓰기를 해 봅시다.

1 다음 문장을 보고 빈칸에 들어갈 알맞은 낱말을 찾아 써 보세요.

| 역사 | 자연환경 | 축제 | 전통 시장 | 학교 | 음식점 |

→ 우리 동네는 ☐☐ 적 유물이 많은 전통 문화 마을이에요.

→ 가을에는 불꽃 ☐☐ 가 열려서 많은 관광객이 방문하기도 해요.

→ ☐☐☐☐ 에 가면 지역 특산물과 다양한 먹거리들이 준비되어 있어요.

→ 학생이 많이 있어서 초등 ☐☐ 부터 고등 ☐☐ 까지 많은 학교가 있어요.

2 그림에 어울리는 문장을 찾아 선으로 연결하고 빈칸에 들어갈 알맞은 낱말을 써 보세요.

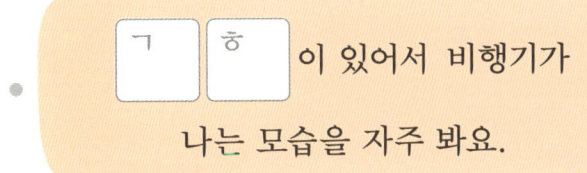
ㄱ ㅎ 이 있어서 비행기가 나는 모습을 자주 봐요.

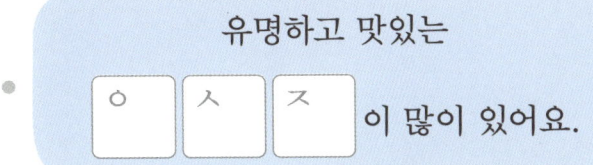
유명하고 맛있는 ㅇ ㅅ ㅈ 이 많이 있어요.

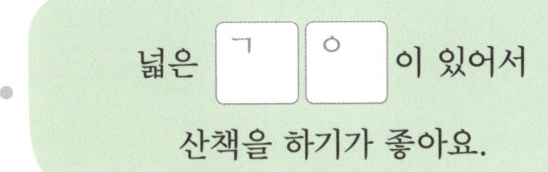
넓은 ㄱ ㅇ 이 있어서 산책을 하기가 좋아요.

3 2번의 빈칸에 쓴 낱말 중 두 개의 낱말을 사용하여 문장을 만들어 보세요.

❶

❷

4 다음 그림을 보고 우리 동네를 소개하는 짧은 글쓰기를 해 보세요.

특징을 표현해요

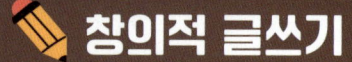 **창의적 글쓰기**

★ 다른 사람에게 나를 소개하는 것은 매우 중요해요. 나에 대해서 무엇을 어떻게 소개할지 생각해 보고 자세하게 글을 써 보세요.

지식 더하기

생활문이란?

우리가 생활하면서 보고, 듣고, 겪고, 느낀 여러 가지 일 중에서 어떤 일을 이야기 형식으로 쓴 글입니다. 생활문을 쓰는 순서를 익혀 봅시다.

1 겪은 일 중에서 가장 기억에 남는 일을 생각해 봅니다.
- ☑ 언제, 어디서 있었던 일인가요?
- ☑ 어떤 생각과 느낌이 들었나요?

2 글감을 고릅니다.
- ☑ 운동회에 대하여 쓰려고 한다면 응원했던 일을 쓸 것인지, 경기를 할 때의 일을 쓸 것인지를 분명히 정합니다.

3 글의 얼개를 짭니다.
- ☑ 한 일, 본 일, 생각한 일을 자세히 떠올려 봅니다.
- ☑ 시작과 끝맺는 말을 생각합니다.

4 글을 씁니다.
- ☑ 글의 짜임을 생각하며 한 일, 본 일, 생각한 일이 자세히 나타나게 씁니다.

5 글을 다듬습니다.
- ☑ 제목과 관계 없는 문장을 찾아봅니다.
- ☑ 중심 생각이 잘 들어 있는지 살펴봅니다.
- ☑ 이야기의 차례가 바르게 되었는지 살펴봅니다.

3장 일어난 일을 표현해요

　겪은 일을 표현할 때에는 언제, 어디서, 무슨 일이 있었는지를 자세하게 설명하는 것이 좋습니다. 또한 누구와 그 경험을 했는지, 그 일을 겪은 후에 어떤 생각이나 느낌이 들었는지를 정리해 보면 일어난 일에 대해 자세하고 풍성한 글이 될 수 있습니다. 여행이나 도서관에 갔던 일처럼 장소에 따라 겪은 일, 비가 왔던 날이나 친구와 다퉜던 일, 엄마와 함께 요리를 했던 일 등 다양한 경험도 표현할 수 있습니다. 일어난 일을 표현하는 낱말을 익히고 활용하여 일어난 일을 자세히 표현해 봅시다.

01일 가족과 여행을 갔어요

주말은 누구와 함께 시간을 보내나요? 외식을 하거나 여행을 가도 가족과 가장 많은 시간을 보낼 거예요. 가족과 함께 했던 일을 소개하는 다양한 표현과 낱말을 익히고 활용하여 글쓰기를 해 봅시다.

1 가족을 나타내는 낱말을 모두 찾아 ○ 표시를 해 보세요.

엄마   친구   이모   삼촌   할아버지   이웃

2 그림을 보고 빈칸에 들어갈 알맞은 낱말을 써 보세요.

 → ㄱㅈ 과 함께 ㅂㅎㄱ 를 타고 제주도로 여행을 갔어요.

 → 아빠를 따라서 ㄴㅅ 를 했어요. 작은 ㅁㄱㄱ 를 잡았다가 놓아 주었어요.

3 빈칸에 들어갈 알맞은 낱말을 찾아 문장을 완성해 보세요.

> 쿠키   놀이공원   수영장   야구장

① 엄마랑 나는 _____를 좋아해서 직접 만들어서 먹기도 해요.

② 내가 좋아하는 팀의 경기가 있어서 _____에 응원을 가기로 했어요.

③ 사촌들과 함께 _____에 가서 신나게 놀이기구를 타고 놀았어요.

4 다음 문장을 보고 가족을 나타내는 낱말을 넣어 앞 문장을 써 보세요.

① _____
   웨딩드레스를 입은 신부의 모습이 아름다웠어요.

② _____
   내 방은 내가 직접 청소를 해요.

5 가족과 함께 했던 일을 떠올려 보고 물음에 답해 보세요.

- 가장 기억에 남는 일은 무엇인가요?

- 그때 어떤 생각이나 느낌이 들었나요?

일어난 일을 표현해요

02일 친구와 싸웠어요

학교에 가거나 학원에 가도 항상 친구들과 함께 있어요. 신나고 즐거운 일도 있지만 슬프거나 화가 나는 일이 있기도 해요. 친구와 있었던 일을 소개하는 다양한 표현과 낱말을 익히고 활용하여 글쓰기를 해 봅시다.

1 친구와 있던 일 중 즐거웠던 일을 표현하는 낱말을 모두 찾아 ○ 표시를 해 보세요.

운동하기   도와주기   싸우기   놀리기   간식 먹기

2 그림을 보고 빈칸에 들어갈 알맞은 낱말을 써 보세요.

 → 친구와 ㄴㅇㅌ 에서 서로 번갈아 가며 ㄱㄴ 를 밀어 주었어요.

 → ㄷㅅㄱ 에서 친구를 만났어요. 반갑게 인사를 하고 각자 읽을 ㅊ 을 골랐어요.

3 원인을 나타내는 문장을 보고 결과를 나타내는 문장을 써 보세요.

❶ 원인 복도를 걷다가 친구의 다리에 걸어서 넘어졌어요.

    결과

❷ 원인 내 생일에 친구가 선물을 줬어요.

    결과

4 두 문장이 자연스럽게 연결되도록 빈칸에 들어갈 알맞은 이어 주는 말을 찾아 써 보세요.

> 그리고   그러나   그래서   그런데

❶ 혼자서 풀기 어려운 수학 문제가 있어요. _____ 친구와 함께 풀어 보니 쉽게 풀렸어요.

❷ 친구와의 사소한 오해를 풀고 싶었어요. _____ 내가 먼저 이야기를 하여 전보다 더 친해졌어요.

❸ 과학 실험을 하다가 짝꿍이 실수로 물을 쏟았어요. _____ 우리는 화내지 않고 다 같이 웃었어요.

5 다음 낱말을 사용하여 짧은 글쓰기를 해 보세요.

전학

편지

03일 비가 내려요

우산을 챙기지 않았는데 비가 내렸거나 우산을 챙겨서 나갔는 데 비가 내리지 않았던 적이 있나요? 우리는 생활하면서 여러 가지 날씨를 경험해요. 날씨를 나타내는 다양한 표현과 낱말을 익히고 활용하여 글쓰기를 해 봅시다.

1 그림을 보고 빈칸에 들어갈 알맞은 낱말을 써 보세요.

→ 오늘 오후부터 ㅂ 가 많이 내린다고 해요. 그래서 ㅇㅅ 을 쓰고, ㅈㅎ 를 신고 나갈 거예요.

→ ㄴ 이 펑펑 오는 겨울이에요. 밖에서 ㄴㅅㄹ 도 만들고, ㄴㅆㅇ 도 할 거예요.

2 다음 낱말을 보고 떠오르는 낱말을 세 개 이상 써 보세요.

❶ 구름

❷ 천둥

3 다음 문장에 보고 어울리는 뒤 문장을 찾아 선으로 연결해 보세요.

| 해가 쨍쨍한 날에 축구를 했어요. | • | • | 너무 멀리 날아가서 찾을 수 없었어요. |

| 바람이 많이 부는 날에 종이비행기를 날렸어요. | • | • | 너무 더워서 온몸에 땀이 났어요. |

4 다음 낱말을 사용하여 자연스럽게 이어지는 뒤 문장을 써 보세요.

① 어제 눈이 오더니 갑자기 추워졌어요.

　　빙판 ＿＿＿＿＿＿＿＿＿＿＿＿＿＿＿＿＿＿＿＿＿＿＿＿

② 아침부터 천둥과 번개가 정신없이 몰아치고 있어요.

　　소나기 ＿＿＿＿＿＿＿＿＿＿＿＿＿＿＿＿＿＿＿＿＿＿＿＿

5 날씨와 관련된 경험을 떠올려 보고 다음 물음에 답해 보세요.

• 가장 기억에 남는 날씨는 무엇인가요?

• 어떤 일이 있었나요?

일어난 일을 표현해요

04일

주말에는 도서관에 가요

평일에는 학교와 학원에 갔다 오면 저녁 식사를 하고 금방 잘 시간이에요. 주말에는 평일에 못 했던 일이나 가족과 맛있는 음식을 먹기도 해요. 주말과 관련된 다양한 표현과 낱말을 익히고 활용하여 글쓰기를 해 봅시다.

1 그림을 보고 빈칸에 들어갈 알맞은 낱말을 써 보세요.

→ 토요일에 ㄱ ㅇ 에 가서 자전거를 탈 예정이에요. ㄷ ㅂ 자전거도 잘 탈 수 있어요.

→ 일요일에 가족과 ㄷ ㅁ ㅇ 에 다녀왔어요. 다양한 종류의 동물을 ㄱ ㅊ 했어요.

→ 사촌 동생과 함께 ㅂ ㄷ ㄱ ㅇ 을 했어요. 내가 ㅅ ㄹ 를 해서 기분이 좋았어요.

2 다음 낱말을 사용하여 자연스럽게 이어지는 뒤 문장을 써 보세요.

❶ 놀이터에서 친구들과 숨바꼭질 놀이를 했어요.

미끄럼틀

❷ 토요일 오후에 부모님과 놀이공원에 놀러 갔어요.

회전목마

3 다음 그림을 보고 어떤 경험을 표현한 것인지 써 보세요.

4 이번 주말에 하고 싶은 일은 무엇인지 생각해 보고 다음 물음에 답해 보세요.

- 누구와 무엇을 하고 싶나요?

- 그 이유는 무엇인가요?

05일

교실은 너무 즐거워요

우리가 집 다음으로 가장 오랜 시간을 머무르는 곳은 바로 학교에요.

'학교' 하면 교실, 칠판, 친구, 선생님 등 많은 낱말이 떠올라요.

학교와 관련된 다양한 표현과 낱말을 익히고 활용하여 글쓰기를 해 봅시다.

1 그림에 어울리는 문장을 찾아 선으로 연결하고 빈칸에 들어갈 알맞은 낱말을 써 보세요.

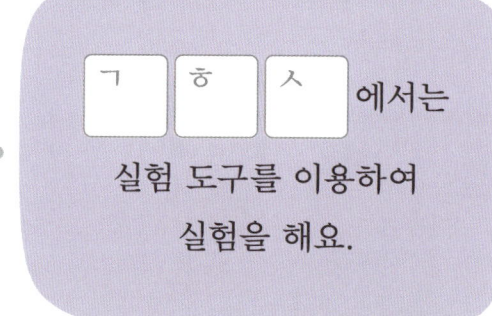

| ㄱ | ㅎ | ㅅ | 에서는 실험 도구를 이용하여 실험을 해요.

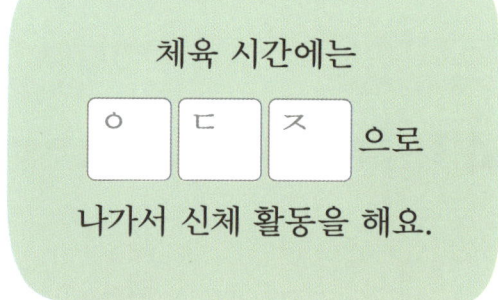

체육 시간에는 | ㅇ | ㄷ | ㅈ | 으로 나가서 신체 활동을 해요.

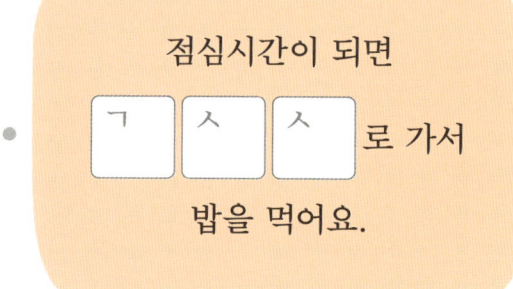

점심시간이 되면 | ㄱ | ㅅ | ㅅ | 로 가서 밥을 먹어요.

2 다음은 학교에서 일어나는 일이에요. 자연스럽게 이어지는 뒤 문장을 써 보세요.

 꼭 읽고 싶은 책이 있는데 우리 집에는 없어요.

───

 빨리 운동회 날이 오면 좋겠어요.

───

3 두 문장이 자연스럽게 연결되도록 빈칸에 들어갈 알맞은 이어 주는 말을 찾아 써 보세요.

> 그렇지 않으면　　　그럼에도 불구하고　　　그렇기 때문에

① 발표 연습을 하지 못했어요. _____ 내 차례가 오지 않기를 바랐어요.

② 친구끼리는 배려하고 조심해야 해요. _____ 서로 사이가 멀어지게 되요.

4 학교에서 있었던 일 중에서 가장 기억에 남는 일과 그때의 생각이나 느낌을 써 보세요.

일어난 일을 표현해요　69

06일

어린이날은 어린이를 위한 날이에요

어린이날에는 다양한 장소에서 어린이들을 위한 행사를 하고, 어른들께 축하를 받는 최고의 날이에요. 어린이날 외에도 다양한 기념일 있어요. 행사와 기념일을 나타내는 다양한 표현과 낱말을 익히고 활용하여 글쓰기를 해 봅시다.

1 그림을 보고 빈칸에 들어갈 알맞은 말을 써 보세요.

이름	☐☐☐☐
날짜	☐월 ☐일
의미	☐☐☐ 의 행복과 존중을 위한 날

이름	☐☐☐☐
날짜	☐월 ☐일
의미	☐☐☐ 의 사랑에 감사하는 날

이름	☐☐☐☐
날짜	☐월 ☐일
의미	☐☐ 의 은혜에 보답하는 날

2 다음 특징을 보고 어떤 명절에 대한 설명인지 빈칸에 들어갈 알맞은 낱말을 써 보세요.

❶ [   ]

→ [ㅅ][ㅎ]의 첫날을 기념해요.

→ 아침에 [ㄸ][ㄱ]을 먹어요.

→ 어른들에게 [ㅅ][ㅂ]를 해요.

❷ [   ]

→ [ㅍ][ㄴ]을 기원해요.

→ [ㅅ][ㅍ]을 만들어 먹어요.

→ 강강술래, 달맞이, 씨름 등 다양한 [ㅁ][ㅅ][ㄴ][ㅇ]를 해요.

3 다음 낱말을 사용하여 문장을 만들어 보세요.

❶ 입학식

❷ 방학식

❸ 졸업식

4 가장 기억에 남는 행사를 떠올려 보고 물음에 답해 보세요.

- 어떤 행사인가요?

- 그때 어떤 일이 있었나요?

07일 반려동물을 사랑해요

사람과 정서적인 교감을 나누며 함께 살아가는 동물을 반려동물이라고 해요. 반려동물 외에 식물을 기르기도 해요. 반려 동식물과 관련된 다양한 표현과 낱말을 익히고 활용하여 글쓰기를 해 봅시다.

1 그림을 보고 알맞은 반려동물의 이름을 찾아 써 보세요.

> 강아지   금붕어   고양이   거북   햄스터   앵무새

2 다음 사진을 보고 알맞은 반려식물의 이름을 찾아 써 보세요.

고무나무   선인장   난초   행운목

3 빈칸에 들어갈 알맞은 낱말을 찾아 문장을 완성해 보세요.

신체 활동   책임감   스트레스

❶ 반려동물과 함께 있으면 　　　　　　가 줄어들고, 마음도 안정돼요.

❷ 밥도 챙겨 주고 돌보아 주어야 하기 때문에 　　　　　　이 필요해요.

4 내가 기르고 있거나 기르고 싶은 반려동물이나 식물을 소개해 보세요.

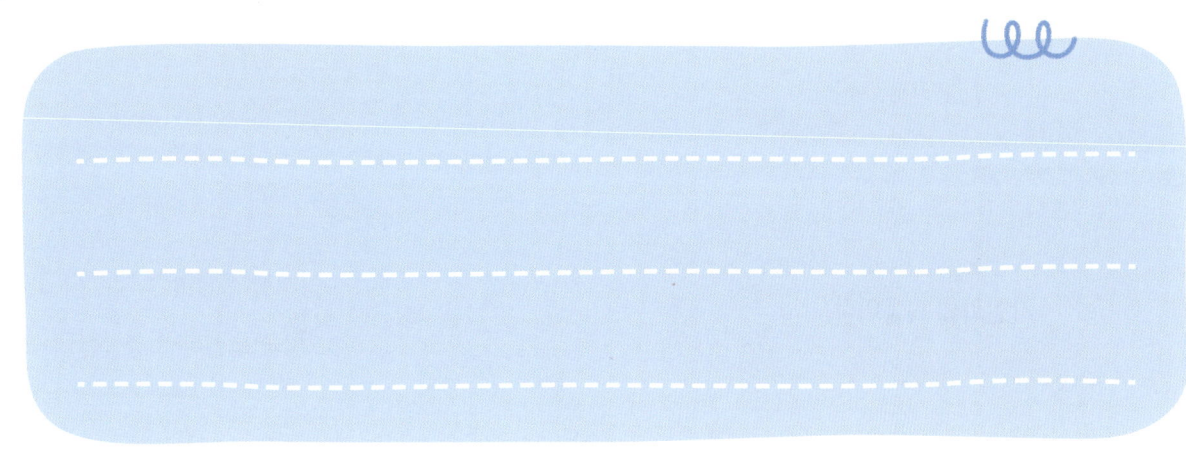

08일 시작이 반이래요

예로부터 우리나라에서 전해 오는 교훈을 담은 짧은 글을 속담이라고 해요. 훌륭한 말 또는 널리 알려진 말을 명언 또는 격언이라고 해요. 신체 활동과 관련된 다양한 표현과 속담을 익히고 활용하여 글쓰기를 해 봅시다.

1 다음 명언이나 속담을 보고 알맞은 뜻을 찾아 선으로 연결해 보세요.

천 리 길도 한 걸음부터다.	자기가 세운 기준에서 벗어나지 않는다.
고생 끝에 낙이 온다.	어떤 일이든 시작이 중요하다.
실패는 성공의 어머니다.	고생 끝에 행복이 온다.
자신과의 싸움이다.	실패를 경험이라 생각하고 계속 도전하면 성공한다.

2 다음 문장을 보고 앞에서 배운 관용 표현 중 어울리는 것을 찾아 써 보세요.

 달리기를 연습하는 게 너무 힘들었어요. 하지만 포기하지 않고 연습을 했더니 달리기 시합에서 1등을 했어요.

 매일 줄넘기를 100개씩 하기로 나 스스로와 약속했어요.

 다음 달에 오래달리기 시합이 있어서 조금씩 차근차근 연습할 거예요.

3 빈칸에 들어갈 알맞은 관형 표현을 찾아 문장을 완성해 보세요.

> 힘   한발   근질근질

① 빨리 운동을 하고 싶어서 몸이 _____ 해요.

② 체력을 키워서 다른 친구들보다 _____ 앞서 나가고 싶어요.

4 다음 속담의 의미를 생각하여 써 보세요.

• 바람 앞에 등불이다.

09일 더하기, 빼기는 너무 쉬워요

학교에 가면 무엇을 하나요? 대부분의 시간 동안 공부를 해요. 선생님께서는 가르쳐 주시고, 학생들은 배워요. 국어, 수학, 사회, 과학 등 과목도 다양해요. 공부와 관련된 다양한 표현과 낱말을 익히고 활용하여 글쓰기를 해 봅시다.

1 서로 어울리는 낱말을 찾아 선으로 연결해 보세요.

- 덧셈, 뺄셈 — 숫자, 기호, 식
- 자음, 모음, 받침 — 말하기, 듣기, 읽기, 쓰기
- 피구, 달리기 — 운동장, 신체 활동

2 다음 낱말을 사용하여 자연스럽게 이어지는 뒤 문장을 써 보세요.

❶ 수학 문제집을 풀었는데 어려운 문제가 나왔어요.

 포기 ✎ _____

❷ 매일 한 권씩 꾸준히 책을 읽고 있어요.

 책장 ✎ _____

❸ 일요일에는 자기 전에 꼭 일기를 써요.

 경험 ✎ _____

| 공부한 날 | 월 | 일 |

3 다음 문장을 읽고 알맞은 표현에 ○ 표시를 해 보세요.

① 수학 시간에 곱하기, 나누기를 공부했어요. 나에게 곱하기와 나누기는 너무 쉬워요 / 어려워요 .

② 오늘은 국어 공부를 하고 독서를 하는 날이에요. 이렇게 계획표 / 급식표 를 만들면 할 일을 잊어버리지 않아요.

③ 학교에서 배운 내용을 집에서 복습 / 예습 을 했어요. 배운 내용을 오래 기억할 수 있어요.

④ 모르는 문제가 나왔어요. 혼자 해결할 수 없어서 선생님께 물어 봤어요 / 여쭤 봤어요 .

⑤ 오늘 할 일을 마치고 / 미루고 나서, 하고 싶은 일을 해야 해요.

4 내가 좋아하는 과목이나 공부를 떠올려 보고 다음 물음에 답해 보세요.

- 어떤 과목인가요?

- 그 과목을 좋아하는 이유는 무엇인가요?

일어난 일을 표현해요

10일 일요일은 내가 요리사에요

부모님께서는 나를 위해 항상 맛있는 음식을 해 주세요. 부모님이 만들어 주신 음식 중에서 어떤 음식을 제일 좋아하나요? 요리와 관련된 다양한 표현과 낱말을 익히고 활용하여 글쓰기를 해 봅시다.

1 그림에 어울리는 문장을 찾아 선으로 연결하고 빈칸에 들어갈 알맞은 낱말을 써 보세요.

요리의 끝은 ㅅㄱㅈ 에요.

학교 급식은 ㅇㅇㅅ 가 골고루 들어 있어요.

맛이 자극적인 음식을 많이 먹으면 ㅂㅁ 이 될 수 있어요.

2 1번의 빈칸에 쓴 낱말 중 두 개를 선택하여 문장을 만들어 보세요.

❶

❷

3 맛있는 라면을 끓일 거예요. 빈칸에 들어갈 알맞은 낱말을 찾아 써 보세요.

> 재료   조리법   냄비   요리사
> 자르다   볶다   씻다   넣다

① 오늘은 특별히 제가 ☐☐☐ 가 되어 라면을 끓일 거예요.

② 요리를 하기 위해서는 가장 먼저 손을 깨끗하게 ☐☐☐.

③ 각종 채소를 필요한 크기만큼 ☐☐☐.

④ ☐☐ 에 적당량의 물을 넣고 끓여 주어요.

⑤ 물이 끓기 시작하면 냄비 안에 라면 ☐☐ 를 ☐☐☐.

4 밥을 하는 요리 과정을 순서대로 나타냈어요. 어떤 과정을 거쳐서 밥이 되는지 생각하여 이야기를 만들어 보세요.

창의적 글쓰기

❋ 가족과 함께 여행을 했던 일을 떠올려 보세요. 누구와 어디에 갔었고, 어떤 일이 있었나요? 그때의 소중한 경험을 떠올리며 자세하게 글을 써 보세요.

지식 더하기

설명문이란?

읽는 사람이 잘 알지 못하는 것에 대해서 알기 쉽게 풀어 쓴 글입니다.
설명문은 정보의 정확한 전달이 목표이기 때문에 사실을 써야 합니다.

1. 설명문의 특징

- ☑ 어떤 대상에 대해서 설명하는 글입니다.
- ☑ 개인적인 감정이나 의견을 넣지 않고 사실 그대로 풀이하여 쓴 글입니다.
- ☑ 추측이나 불확실한 사실이 아닌 정확한 사실을 써야 합니다.
- ☑ 설명하는 대상이 무엇인지 알기 쉽게 풀어서 씁니다.

2. 설명문의 짜임

- ☑ **처음:** 설명하고자 하는 어떤 사물이나 사실을 제시합니다.
- ☑ **가운데:** 설명하고자 하는 것을 항목에 나누어 자세히 설명합니다.
- ☑ **끝:** 설명한 내용을 간추려서 정리하고, 그 의미를 강조하며 끝을 맺습니다.

3. 설명문을 쓰는 순서

- ☑ 글감을 정합니다.
- ☑ 생각 그물을 그리면서 글감에 대해 알고 있는 사실을 모두 적어 봅니다.
- ☑ 설명문의 짜임에 맞게 글감을 정리합니다.
- ☑ 내가 알고 있는 사실과 조사한 자료를 이용하여 글을 씁니다.
- ☑ 내가 쓴 글을 다시 읽어 보고, 글을 다듬어서 고칩니다.

4장
상상하여 표현해요

　내가 읽은 책 속에 등장하는 주인공을 실제로 만난다면 어떤 이야기를 하고 싶나요? 재미있는 영화를 본 후에 '그 다음에 주인공은 어떻게 되었을까?' 하고 생각해 본 적이 있나요? 뒤에 이어질 이야기를 상상하여 글로 쓰는 활동을 통해서 상상력과 창의력을 기를 수 있고, 글의 흐름에 대해 이해할 수 있습니다. 상상하는 것은 현실에서 일어날 수 없는 일이라도 마음껏 생각할 수 있다는 게 즐거움입니다. 자유로운 상상을 통해 상상하는 글쓰기의 즐거움을 느껴 봅시다.

01일

세종 대왕님과 이야기를 나누어요

책을 읽거나 영화를 본 후 기억에 남는 주인공이 있나요?
만약 그 주인공과 대화를 나눌 수 있다면 어떤 이야기를 하고 싶나요?
책이나 영화 속에 나오는 주인공과의 대화를 상상하여 글쓰기를 해 봅시다.

1 이야기의 등장인물과 대화를 하기 위해 필요한 글감을 모두 찾아 ○ 표시를 해 보세요.

　　사건　　결말　　성격　　학교　　점심　　불만

2 그림 속의 주인공에게 궁금한 점을 물어보려고 해요. 빈칸에 들어갈 알맞은 낱말을 써 보세요.

 → " ㅅ ㅈ ㄷ ㅇ 님, 안녕하세요.
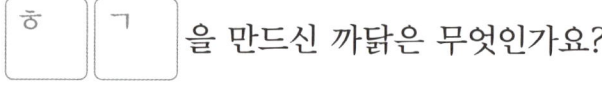
ㅎ ㄱ 을 만드신 까닭은 무엇인가요?"

 → " ㄴ ㅂ 아저씨, 동생인 ㅎ ㅂ 아저

씨를 왜 그렇게 못살게 구셨나요?"

3 〈토끼와 거북〉의 주인공에게 다음과 같이 질문을 한다면 어떻게 대답을 할지 상상하여 써 보세요.

❶ "거북아, 달리기 시합에서 네가 이길 것이라고 예상했어?"

❷ "토끼야, 거북과의 달리기 시합에서 지고 나서 무슨 생각을 했어?"

4 주인공의 대답을 보고 어떤 질문을 했을지 상상하여 써 보세요.

❶ 심청님,

"네, 아버지의 눈만 뜰 수 있으면 좋겠다고 생각해서 무섭지 않았어요."

❷ 개미님,

"베짱이는 여름 내내 놀았지만 저는 열심히 일해서 식량을 모아 두었어요."

5 내가 읽은 책 중에서 가장 기억에 남는 책을 생각하여 다음 물음에 답해 보세요.

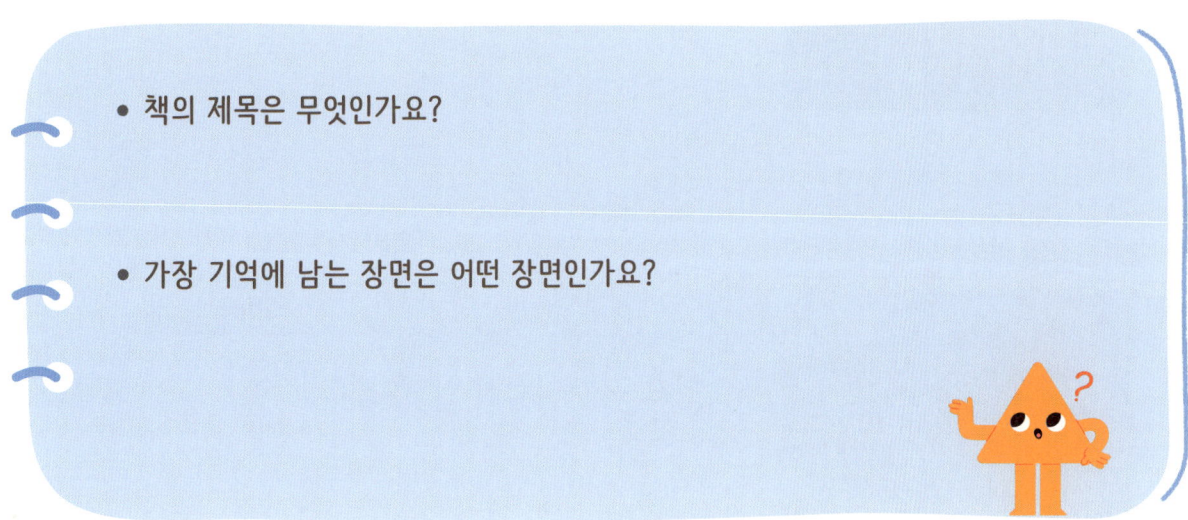

• 책의 제목은 무엇인가요?

• 가장 기억에 남는 장면은 어떤 장면인가요?

상상하여 표현해요

02일

주인공은 행복하게 살았을까요?

내가 읽은 책의 마지막은 어떻게 끝이 났나요? 그 이야기의 다음에 어떤 일이 일어날지 상상해 본 적이 있나요? 읽은 책의 내용이 마지막이 아니라 새로운 이야기가 이어진다고 생각하고 그 내용을 상상하여 글쓰기를 해 봅시다.

1 이어지는 이야기를 상상할 때 떠올릴 수 있는 낱말을 모두 찾아 ○ 표시를 해 보세요.

행복   변화   과거   노래   미래

2 〈해와 달이 된 오누이〉, 〈소가 된 게으름뱅이〉 이야기를 생각하며 빈칸에 들어갈 알맞은 낱말을 써 보세요.

→ ㅎ ㄹ ㅇ 를 피해서 하늘에 간
ㅇ ㄴ ㅇ 는 해와 달이 되었어요.

→ ㅅ 가 된 ㄱ ㅇ ㄹ ㅂ ㅇ 는 앞으로 부지런히 살겠다고 ㅇ ㅅ 했어요.

3 다음 이야기의 뒤에 이어질 내용을 상상하여 문장을 써 보세요.

❶ 늑대는 막내 아기 돼지 집 앞으로 다가갔어요.

_____

❷ 포도를 많이 먹어서 뚱뚱해진 여우는 울타리 사이를 지나가지 못했어요.

_____

4 다음 문장을 읽고 이어 주는 말에 어울리는 뒤 문장을 써 보세요.

❶ 베짱이는 여름철에도 계속 기타를 치며 노래를 불렀어요.

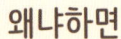 _____

❷ 베짱이는 여름철에도 계속 기타를 치며 노래를 불렀어요.

  _____

❸ 베짱이는 여름철에도 계속 기타를 치며 노래를 불렀어요.

그래서 _____

5 다음 낱말을 사용하여 짧은 글쓰기를 해 보세요.

놀부

반성

03일 흥부와 놀부가 바뀌었어요

내가 읽은 책 속에 등장하는 인물 중 가장 기억에 남는 인물이 누구인가요? 그 인물의 성격이 반대로 바뀐다면 어떤 일이 일어날지 상상해 본 적이 있나요? 상상력을 발휘하여 새로운 이야기를 직접 써 봅시다.

1 다음은 〈흥부와 놀부〉 이야기에요. 빈칸에 들어갈 알맞은 낱말을 넣어 이야기를 완성해 보세요.

옛날에 흥부와 놀부라는 형제가 살고 있었습니다. 형인 놀부는 ㅇㅅ 이 많고 심술궂었고, 동생인 흥부는 착하고 남을 잘 ㄷㅇ 습니다. 두 사람은 ㅅㄱ 이 매우 달랐습니다. 흥부에게 ㅈㅅ 을 나누어 주지 않아서 놀부는 돈이 많은 ㅂㅈ 였지만 흥부는 가난하였습니다.

착한 흥부는 어느 날 다리를 다친 ㅈㅂ 를 발견하여 치료해 주었습니다. 봄이 되자 제비는 보답으로 흥부에게 ㅂㅆ 를 물어다 주었습니다. 흥부가 심은 박에서는 금은보화가 쏟아져 나와서 흥부는 부자가 되었습니다.

심술궂은 놀부는 이 소식을 듣고 일부러 제비의 ㄷㄹ 를 부러뜨린 뒤에 박씨를 받았습니다. 하지만 놀부의 박에서는 온갖 더럽고 나쁜 것들이 나와 그의 집 안은 엉망이 되었습니다. 결국 흥부는 형을 도와주었고, ㅎㅎ 하여 형제는 서로 사이좋게 살았습니다.

2 놀부와 흥부의 성격을 나타내는 알맞은 낱말을 찾아 선으로 연결해 보세요.

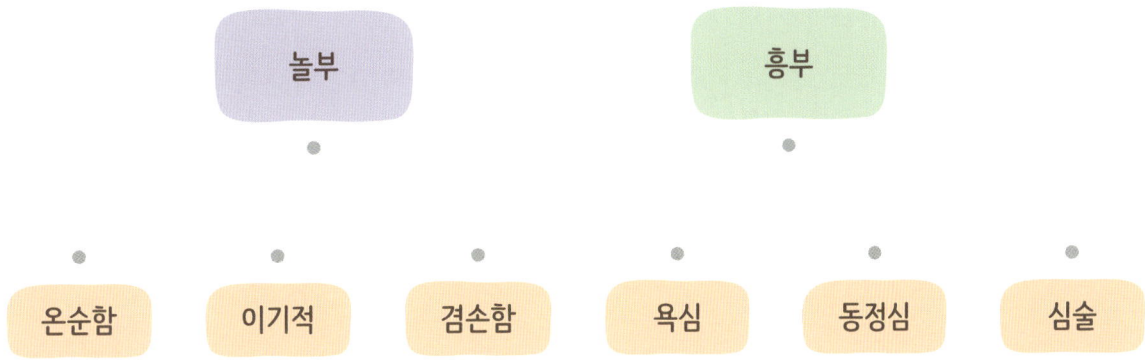

온순함　이기적　겸손함　욕심　동정심　심술

3 흥부와 놀부의 성격이 서로 바뀐다고 상상하며 이야기를 완성해 보세요.

　　옛날에 흥부와 놀부라는 형제가 살고 있었습니다. 형인 놀부는 _____, 동생인 흥부는 _____. 두 사람은 성격이 매우 달랐습니다. 놀부는 흥부에게 재산을 _____, 동생 흥부에게 언제나 친절하게 대했습니다. 흥부는 돈이 많은 부자였지만 놀부는 _____.

　　_____ 놀부는 어느 날 다리를 다친 제비를 발견하여 치료해 주었습니다. 봄이 되자 제비는 보답으로 놀부에게 박씨를 물어다 주었습니다. 놀부가 심은 박에서는 금은보화가 쏟아져 나와서 놀부는 _____.

　　_____ 흥부는 이 소식을 듣고 일부러 제비의 다리를 부러뜨린 뒤에 박씨를 받았습니다. 하지만 흥부의 박에서는 온갖 더럽고 나쁜 것들이 나와 그의 집안은 엉망이 되었습니다. 결국 놀부는 _____, 화해하여 형제는 서로 사이좋게 살았습니다.

상상하여 표현해요　89

타임머신을 타고 과거로 가요

타임머신을 타고 과거나 미래로 가면 어떤 일이 일어날까요? 책 속의 주인공이 시간을 이동해서 새로운 모험을 한다면 어떤 이야기가 펼쳐질까요? 타임머신을 타고 과거나 미래로 가서 새롭게 펼쳐질 이야기를 상상하여 글을 써 봅시다.

1 그림을 보고 빈칸에 들어갈 알맞은 낱말을 써 보세요.

→ 타임머신을 타고 ㄱㄱ 로 떠났어요. 옛날의 선생님인 훈장님과 ㅅㄷ 에서 글공부도 했어요.

→ 타임머신을 타고 ㅁㄹ 로 갔어요. 어릴 때부터 희망했던 ㅅㅅㄴ 이 되어 있었어요.

→ 책에서만 보았던 ㄱㄹ 을 보았어요. 실제로 만났더니 깜짝 놀라서 ㄷㅁ 쳤어요.

2 다음 낱말을 사용하여 상상력이 나타나는 뒤 문장을 써 보세요.

① 엄마, 아빠 결혼식 사진에는 제가 없었어요.

　　축하

② 발명왕 에디슨이 전구를 발명하는 데 자꾸 실패하여 좌절하고 있었어요.

　　격려

3 다음 그림에 어울리는 이야기를 상상하여 보세요.

4 타임머신을 탔다고 상상하며 다음 물음에 답해 보세요.

- 언제로 가고 싶나요?

- 무엇을 하고 싶나요?

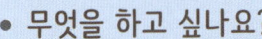

05일

학교가 아니라 우주로 갔어요

내가 읽은 이야기 속의 장소가 바뀌는 상상을 해 볼까요?
만약 주인공이 사막 한가운데에 있거나 바닷속에서 살고 있다면 어떤 모험을 하게 될지 궁금하지 않나요? 이야기의 장소를 바꿔 보며 글쓰기를 해 봅시다.

1 빈칸에 장소를 나타내는 알맞은 낱말을 넣어 이야기를 완성해 보세요.

옛날 옛적, 푸른 [ㅅ] 속에 사는 빠른 토끼와 느린 거북이 있었습니다. 토끼는 자신의 빠른 달리기 실력을 자랑하며 거북을 비웃었습니다. 그러자 거북은 토끼에게 경주를 제안했습니다. 두 친구는 숲의 시작점인 큰 [ㄴ][ㅁ] 아래에서 출발하기로 했습니다.

경주가 시작되자 토끼는 순식간에 앞서 나갔고, 거북은 느릿느릿 뒤따랐습니다. 토끼는 자신이 이길 것이라 확신하며, 경주 중간에 있는 나무 [ㄱ][ㄴ]에서 잠시 쉬기로 했습니다. 그곳에서 토끼는 편안하게 잠이 들었습니다.

거북은 꾸준히 걸어서 얕은 [ㄱ][ㅇ]을 건너고, 꽃이 활짝 핀 [ㅇ][ㄷ]을 넘었습니다. 거북은 힘이 들지만 포기하지 않고 계속해서 앞으로 나갔습니다. 결국 거북은 잠든 토끼를 지나쳐 [ㄱ][ㅅ][ㅈ]에 도착했습니다.

토끼가 깜짝 놀라서 잠에서 깨어났을 때는 이미 거북이 결승점에 들어간 후였습니다. 그제야 토끼는 자기의 거만함을 후회했습니다.

2 앞의 이야기를 읽고 물음에 답해 보세요.

❶ 토끼와 거북은 어디에서 무엇을 하였나요?

_____

❷ 토끼와 거북이 경주를 한 장소를 바꾼다면 어디가 좋을까요?

_____

3 2번에서 바꾼 장소를 배경으로 하여 이야기를 새롭게 써 보세요.

06일 하늘을 나는 꿈을 꿨어요

하늘을 나는 꿈을 꾼 적 있나요? 푸른 하늘을 마음껏 날아다니고 구름 위를 걷는다면 너무 신이 날 것 같아요. 하늘을 날게 된다면 무엇을 하고 싶은지, 나만의 멋진 상상 속의 세계를 표현하는 글쓰기를 해 봅시다.

1 그림을 보고 그렇게 상상한 이유와 상상 속에서 하고 싶은 일을 써 보세요.

하늘을 날기

- 사람은 ㄴㄱ 가 없기 때문입니다.
- → ㄱㄹ 안에 들어가 보기
- → ㅅ 들과 인사하기

걷는 자동차

- ㄷㄹ 가 막혀도 걱정이 없기 때문입니다.
- → 멈춰 있는 ㅈㄷㅊ 위로 넘어가기
- → 도로뿐만 아니라 ㅁ 속을 걸어 다니기

우주 여행

- ㅇㅈ 에 가 보고 싶기 때문입니다.
- → 우주에서 ㅈㄱ 를 바라보기
- → ㄷ 과 ㅂ 에 놀러 가기

2 빈칸에 들어갈 알맞은 낱말을 넣어 문장을 완성해 보세요.

❶ 방 청소를 하다가 ㅂ ㅈ ㄹ 를 타고 하늘을 날아다니는 상상을 해요.

❷ 등산을 할 때면 새와 동물과 함께 ㅇ ㅇ ㄱ 를 하고 싶어요.

❸ 할머니 댁은 너무 멀어요. 어디로든 데려다 주는 ㅁ 이 있으면 좋겠어요.

3 두 문장이 자연스럽게 이어지도록 상상이 나타나는 뒤 문장을 써 보세요.

❶ 물 위를 걸을 수 있어요.

❷ 많이 먹어도 배가 안 불러요.

4 나에게 투명 망토가 생겼다고 상상하며 다음 물음에 답해 보세요.

- 가장 하고 싶은 일은 무엇인가요?

- 그 이유는 무엇인가요?

상상하여 표현해요

20년 뒤에 나는 어떤 모습일까요?

10년 뒤, 20년 뒤에 나는 어떤 모습일까요? 어떤 일을 하며 살고 있을지 상상해 보세요. 꿈꾸는 직업이나 하고 싶은 일을 생각해 보고, 그 일로 어떤 하루를 보내고 있을지 떠올려 보세요. 미래의 꿈을 담아 멋진 글쓰기를 해 봅시다.

1 다음 취미와 어울리는 직업을 찾아 선으로 연결해 보세요.

- 피아노 치기 • • 작가, 기자
- 노래 부르기 • • 피아니스트, 작곡가
- 글 쓰기 • • 가수, 성악가

2 사람의 나이에 따라 부르는 말이 어떻게 다른지 빈칸에 들어갈 알맞은 낱말은 써 보세요.

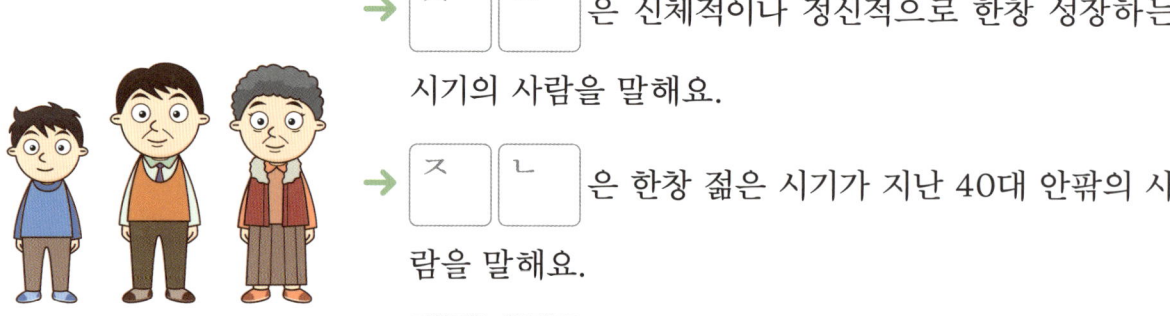

→ ㅊㄴ 은 신체적이나 정신적으로 한창 성장하는 시기의 사람을 말해요.

→ ㅈㄴ 은 한창 젊은 시기가 지난 40대 안팎의 사람을 말해요.

→ ㄴㄴ 은 나이가 들어 늙은 때나 나이를 말해요.

3 빈칸에 들어갈 알맞은 낱말을 찾아 써 보세요.

> 우주 비행사   아이돌   수의사   작가

❶ 10년 뒤에 많은 사람들에게 인기 있는 _____ 이 되고 싶어요.

❷ _____ 가 되어 새로운 별을 발견하고, 우주의 비밀을 알아보고 싶어요.

❸ 우리 집 강아지가 아프면 속상해요. _____ 가 되어 아픈 동물을 치료해 주고 싶어요.

❹ 글쓰기를 열심히 해서 노벨 문학상을 받는 _____ 가 되고 싶어요.

4 미래의 나는 어떤 모습일지 상상하여 써 보세요.

- 10년 후:

- 30년 후:

- 50년 후:

상상하여 표현해요 97

08일 갑자기 10만 원이 생겼어요

어느 날 10만 원이 생겼다면 어떻게 사용할까요? 돈을 더 모아서 사고 싶었던 것을 살 수도 있고, 친구들과 맛있는 음식을 먹거나 소중한 사람에게 선물을 할 수도 있어요. 갑자기 돈이 생겼다면 어떨지 상상하여 글쓰기를 해 봅시다.

1 빈칸에 들어갈 알맞은 낱말을 써 보고, 어울리는 문장을 찾아 선으로 연결해 보세요.

돈이 ㄷ 을 번다.

> 작은 것이라도 모으다 보면 큰 것이 된다.

티끌 모아 ㅌ ㅅ 이다.

> 돈을 너무 쉽게 쓴다.

ㄷ 을 ㅁ 쓰듯이 하다.

> 돈이 많은 사람은 그 이익으로 더 큰돈을 번다.

2 다음과 같은 일이 생긴다면 어떻게 할지 상상하여 써 보세요.

 갑자기 나에게 10만 원이 생긴다면 무엇을 하고 싶나요?

 편의점에 갔는데 모든 물건이 반값이라면 어떻게 할까요?

 가족들과 방문한 식당에서 모든 음식을 무료로 제공한다면 어떻게 할까요?

 일 년에 딱 한 개의 물건만 살 수 있다면 어떻게 할까요?

 돼지 저금통이 돈으로 가득 찼다면 무엇을 하고 싶나요?

 내가 가게의 사장님이 된다면 무엇을 팔고 싶나요?

09일

우리 집 강아지가 말을 해요

만약 동물이나 식물이 말을 할 수 있다면 어떤 이야기를 할까요? 고양이가 자신의 하루를 이야기하거나 공원의 나무가 지나가는 사람들에게 말을 한다면 어떤 이야기를 할지 상상하며 그들의 목소리를 담아 글쓰기를 해 봅시다.

1 빈칸에 들어갈 알맞은 낱말을 써 보고, 만약 식물이 말을 한다면 어떤 이야기를 할지 선으로 연결해 보세요.

| ㅁ | ㄱ | ㅎ |

"내가 예쁘다고 꺾으려 하다가는 가시에 찔려서 다칠 수 있으니까 조심해."

| ㅅ | ㅇ | ㅈ |

"나는 우리나라를 대표하는 꽃이야. 길을 가다가 날 보면 반갑게 인사해 줘."

| ㅈ | ㅁ |

"나에게 물을 너무 자주 주면 나는 오히려 힘들어. 왜냐하면 물이 많이 필요 없거든."

2 반려동물이 말을 할 수 있다면 어떤 말을 할지 상상하여 써 보세요.

① 강아지가 나에게 공을 물고 와서 말을 해요.

② 친구들과 놀다가 집에 늦게 들어갔더니 고양이가 말을 해요.

3 동물들이 하는 대화를 보고 빈칸에 들어갈 말을 상상하여 써 보세요.

호랑이	내일은 내 생일이니까 낮에 동물 숲 속으로 모두 놀러 와.
잉어	물고기는　　　　　　　밖으로 나갈 수가 없어.
부엉이	나는 야행성이라　　　　　잠을 자느라 잘 돌아다니지 않아.

4 이야기를 나누고 싶은 동물과의 대화를 상상하여 써 보세요.

10일

새로운 물건을 만들어요

새로운 물건을 발명할 거예요. 편리하게 사용할 수 있는 기계나 사람들에게 도움을 줄 수 있는 발명품을 생각해 보세요. 이름은 무엇이고, 어떻게 사용하는지, 생활에 어떤 변화를 가져올지 등 글로 표현해 봅시다.

1 발명품을 만들 때 필요한 물건을 생각해 보고 빈칸에 들어갈 알맞은 낱말을 써 보세요.

→ 비가 오면 펼쳐지고, 비가 그치면 접히는 _____ 이 있으면 좋겠어.

→ 내 기분에 따라 색깔이 변하는 _____ 이 있으면 좋겠어.

→ 책을 읽으면 내용을 자동으로 요약해 주는 _____ 이 있으면 편리할 것 같아.

→ 학교 가기 전에 오늘 시간표대로 준비물을 챙겨 주는 _____ 을 발명할 거야.

2 빈칸에 들어갈 알맞은 낱말을 써 보고 이어지는 뒤 문장을 완성해 보세요.

① 자려고 누우면 자장가가 흘러나오는 _____ 이/가 있다면

 _____

② 옷을 대충 넣어도 알아서 정리하는 _____ 이/가 있다면

 _____

3 다음 물건에 어떤 기능을 추가하면 좋을지 상상하여 써 보세요.

① 의자 : 사람이 앉을 수 있어요. _____

② 문제집 : 문제를 풀 수 있어요. _____

③ 냉장고 : 음식을 저장할 수 있어요. _____

4 평소에 사용하는 물건 중 하나를 선택하여 새로운 기능을 추가한 발명품을 그림으로 표현하고, 어떻게 사용하는지 설명해 보세요.

상상하여 표현해요

창의적 글쓰기

✿ 30년 후 미래의 나는 어떤 모습일지 상상해 보세요. 나는 누구와 살고 있고, 어떤 일을 하고 있을까요? 30년 후에 나는 어떻게 변해 있을지 상상하여 글을 써 보세요.

지식 더하기

독서 감상문이란?

책을 읽고 난 후에 느끼거나 생각한 것을 쓴 글입니다. 책을 읽은 후 자기의 생각이나 느낌을 쓸 때는 짜임새 있게 쓰는 것이 중요합니다.

1 독서 감상문에 쓰는 내용

- ✅ 글의 줄거리를 간략하게 요약합니다.
- ✅ 책을 읽게 된 동기를 씁니다.
- ✅ 재미있었던 부분이나 새로 알게 된 사실을 씁니다.
- ✅ 깨달은 점이나 주인공에게 본받을 점을 씁니다.

2 독서 감상문을 쓰는 방법

- ✅ **중요한 내용을 간추려 씁니다.** → 누가, 언제, 어디서, 무엇을, 어떻게 하였는지 잘 간추려 써야 합니다.
- ✅ **나의 생각이나 느낌을 씁니다.** → 글에 나오는 등장인물이 한 말이나 행동에서 느꼈던 점을 씁니다.
- ✅ **사실과 느낌을 잘 섞어서 씁니다.** → 글의 줄거리와 읽고 난 후의 생각이나 느낌을 짜임새 있게 섞어서 씁니다.
- ✅ **자연스럽게 씁니다.** → 멋있게 쓰려고 노력하지 말고, 친구에게 이야기하듯이 자연스럽게 씁니다.

3 책을 읽고 느낀 점을 쓰는 방법

- ✅ 글에 나오는 인물이 한 일과 까닭을 알아봅니다.
- ✅ 등장인물의 행동이 옳은지 그른지 생각해 보고 느낀 점도 써 봅니다.
- ✅ '만약에 나라면 어떻게 했을까?' 하고 입장을 바꾸어 생각합니다.

1장 기분과 느낌을 표현해요

01일 생일 선물을 받았어요

1. 신난다, 행복하다, 기쁘다
2. → 생일, 신나요
   → 선물, 기뻐요
3. ❶ 기뻤어요.
   ❷ 즐거웠어요.
   ❸ 반가웠어요.
4. ❶ ㉠ 선생님께 칭찬을 받아서
   ❷ ㉠ 강아지가 꼬리를 흔드는 게
5. ㉠ • 학교에서 한국 민속촌으로 현장 학습을 갔어요.
   • 옛날 사람들이 살았던 집도 보고, 풍습도 알 수 있어서 흥미로웠어요.

02일 동생이 장난감을 망가뜨렸어요

1. (위에서 왼쪽부터) 화나다, 억울하다, 밉다, 짜증나다
2. → 장난감, 화
   → 색연필, 짜증
3. ❶ ㉠ 짝꿍이 내가 아끼는 샤프 지우개를 망가뜨렸어요.
   ❷ ㉠ 동생이랑 싸웠는데 동생이 울어서 나만 엄마에게 혼이 났어요.
4. ❶ 그래서
   ❷ 그런데

> **TIP 이어 주는 말**
> • 그리고 : 서로 비슷한 내용을 이어 줍니다.
>   ㉠ 비가 옵니다. 그리고 바람이 붑니다.
> • 그러나 : 서로 반대되는 내용을 이어 줍니다.
>   ㉠ 나는 국어를 좋아합니다. 그러나 수학을 싫어합니다.
> • 그래서 : 두 문장의 원인과 결과를 나타냅니다.
>   ㉠ 아이스크림을 너무 많이 먹었습니다. 그래서 배탈이 났습니다.
> • 그런데 : 내용이 바뀌는 뒤 글을 이어 줍니다.
>   ㉠ 엄마가 신발을 사 주셨습니다. 그런데 크기가 좀 작았습니다.

5. ㉠ 내 짝꿍이 수업 시간에 떠들어서 선생님께 지적을 받았어요. 그런데 내가 그랬다고 거짓말을 해서 분했어요.

03일 내일은 캠핑을 가는 날이에요

1. → 캠핑, 설레
   → 여름 방학, 기대
2. ❶ ㉠ 친구가 내 선물을 받고 어떤 표정을 지을지 설레요.
   ❷ ㉠ 불꽃 축제를 구경하러 오니 기분이 들떠요.
3.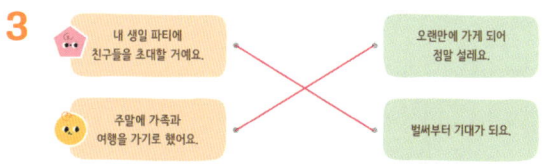
4. ❶ ㉠ 흥미진진한 시합이 될 것 같아요.
   ❷ ㉠ 신이 나서 마음이 두근두근 떨려요.
5. ㉠ 할아버지의 70세 생신을 기념으로 온 가족이 제주도로 여행을 갔어요. 대식구가 함께 간 것은 처음이라 너무 설레고 행복했어요.

04일 좋아하는 물건을 잃어 버렸어요

1. → 볼펜, 슬펐어요

→ 비밀, 실망했어요
→ 장난, 속상했어요

2 ❶ 예 더 잘 할 수 있었는데 아쉬웠어요.
  ❷ 예 아빠와 함께 자전거를 탈 수 없어서 서운해요.

3 예 나와 제일 친하다고 생각했던 친구가 나보다 다른 친구와 더 많이 노는 것 같아서 서운했어요.

4 예 • 외할머니께서 돌아가셨어요.
   • 외할머니를 다시는 볼 수 없을 거라고 생각하니까 너무 슬펐어요.

05일 나도 내 마음을 모르겠어요

1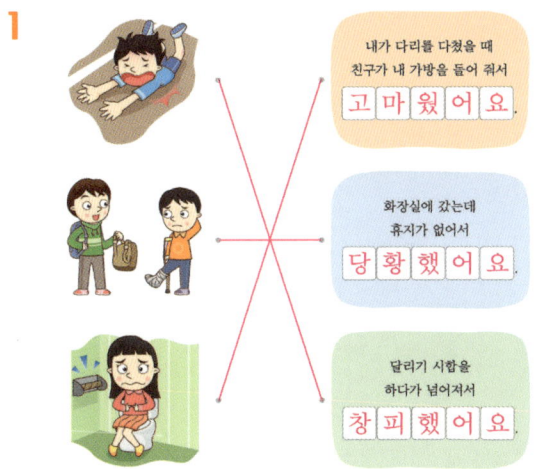

2 ❶ 예 어제 늦게까지 자지 않고 논 것이 후회스러웠어요.
  ❷ 예 집에 오니 너무 피곤했어요.

3 ❶ 그래서
  ❷ 그러나
  ❸ 그런데

4 ❶ 예 목도 따끔따끔하고 열도 나요.
  ❷ 예 병원에 가야 할 것 같아요.

06일 무지개의 색이 알록달록해요

1 • 사과 : 축구공, 빨간, 주먹
  • 무지개 : 반원, 알록달록, 비
  • 텔레비전 : 사각형, 검은, 리모컨

2 ❶ 칠판
  예 교실의 앞에 있고, 글씨를 쓸 수 있어요.
  ❷ 수박
  예 여름에 시원하게 먹을 수 있어요.

3 ❶ 솜사탕
  ❷ 축구공
  ❸ 바다

4 빨개, 사과, 맛있어, 바나나, 길어, 기차

> **TIP 표현법**
> • 직유법 : 두 가지 사물을 직접적으로 비교합니다.
>   (~같이, ~처럼, ~듯이, ~마냥, ~인양)
>   예 아빠의 마음은 하늘처럼 넓다.
> • 은유법 : 한 가지 사물을 다른 것에 비유하여 표현합니다. (~은 ~이다.)
>   예 엄마는 우리 가족의 등대이다.

07일 이웃집의 공사 소리가 시끄러워요

1 (위에서 왼쪽부터) 우르릉 쾅, 덜컹덜컹, 쨍그랑, 파닥파닥, 콸콸, 째각째각

2 ❶ 쿵쿵
  ❷ 콜록콜록

3 ❶ 예 꼬르륵
  ❷ 예 딸랑딸랑

4 예 늑대가 나타나서 '후' 바람을 불었습니다. 첫째 돼지가 짚으로 지은 집은 '휙' 날아가 버

렸고, 둘째 돼지가 나무로 지은 집은 '우당탕' 무너져 버렸습니다.

08일 누가 방귀를 뀌었어요

1 → 고소한
  → 향긋한
  → 구수한
  → 상쾌한

2 상큼하다, 꼬리꼬리하다, 향긋하다, 고소하다

3 ① 예) 들판에 풀잎에서 싱그러운 향이 나는 것 같아요.
  ② 예) 민트 향이 나는 치약으로 양치질을 했어요.
  ③ 예) 생선에서 나는 비린내가 너무 싫어요.

4 예) 새로 산 바디 샴푸로 목욕을 했어요. 향이 너무 좋아서 목욕을 자주 하고 싶어졌어요.

09일 새콤달콤하고 짭짤해요

1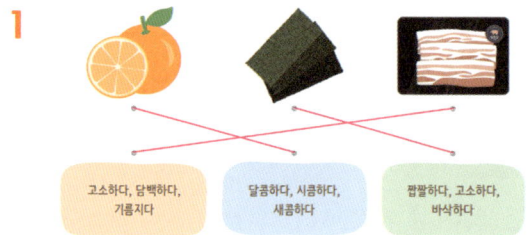

2 ① 매워요
  ② 달콤한
  ③ 달고, 짜요
  ④ 구수한

3 • 떡볶이
  예) → 떡볶이 떡, 고추장, 설탕, 어묵, 물
     → 매콤하고 달콤해요.
     → 짜장 양념으로 만든 떡볶이도 맛있어요.
  • 피자
  예) → 밀가루, 치즈, 햄, 버섯, 양파, 파프리카
     → 다양한 재료가 어우러진 풍부한 맛이에요.
     → 취향에 따라 원하는 재료를 선택할 수 있어요.

4 예) • 치킨
  → 재료는 닭, 기름, 튀김가루, 소금이 필요해요. 맛은 속살은 부드럽고 담백하며 육즙이 풍부해요. 튀김옷은 바삭하고 고소하며 짭짤해요. 취향에 따라 소스를 선택할 수 있고, 순살로 된 치킨도 있어요.

10일 어묵 국물에 혀를 데었어요

1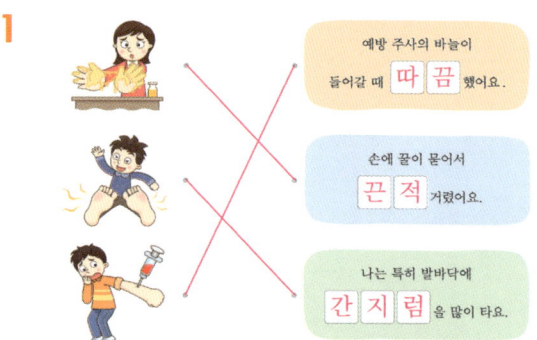

2 ① 예) 벌에게 다리를 쏘여서 따끔했어요.
  ② 예) 우리 아빠는 간지럼을 잘 안 타세요.

3 ① 시렸어요
  ② 부드러워서
  ③ 폭신, 말랑말랑
  ④ 거칠거칠

4 예) 오늘은 공기에 미세 먼지가 많아서 목이 따가웠어요. 집에 돌아와서 손을 깨끗이 씻고 세수도 했더니 보들보들해졌어요.

창의적 글쓰기

TIP 자신이 겪은 일 중에서 설레고 즐거웠던 경험은 무엇인지 생각해 봅니다. 언제, 어디에서, 누구와 겪었던 일인지, 그 일을 겪는 중이나 겪은 후에 어떤 느낌이 들었는지 자유롭게 글로 표현합니다.

2장 특징을 표현해요

01일 나를 소개합니다

1 나이, 이름, 성격
2 → 소개, 이름, 예 이해솔
  → 나이, 예 9, 서린, 2
3 ❶ 가족
  ❷ 취미
  ❸ 장래 희망
4 ❶ 예 나는 미래에 사육사가 되어 동물들을 보살피고 싶습니다.
  ❷ 예 나의 특기는 노래를 부르는 것입니다.
5 예 • 탕수육
  • 겉은 바삭하고 속은 육즙이 가득하여 촉촉한 식감이에요. 소스를 찍어 먹으면 새콤달콤해요.

02일 나는 엄마를 닮았어요

1 공부, 신발
2 → 엄마, 코
  → 얼굴, 눈
3 검은, 눈썹, 수염, 표정
4 ❶ 그래서

  ❷ 왜냐하면
  ❸ 그렇지만
5 예 우리 엄마의 웃는 모습은 활짝 핀 해바라기와 닮았어요.

03일 계속 놀리면 화가 나요

1 → 학용품, 친절한
  → 활발, 친구
2 ❶ 예 우리 누나는 성실해서 숙제를 안 하거나 지각을 한 적이 없어요.
  ❷ 예 나는 내성적인 성격이라서 수줍음이 많아요.
3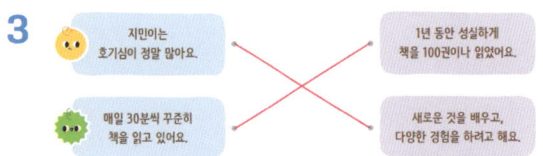
4 ❶ 예 영수의 사교적인 성격이 부러워요.
  ❷ 예 배려심이 깊은 친구라고 생각해요.
5 예 • 예의가 바르고 활발해요.
  • 엘리베이터에서 어른을 만나면 항상 먼저 인사를 해요.

04일 피아노를 치면 즐거워요

1 → 독서, 상상력
  → 요리, 음식
  → 줄넘기, 건강
2 ❶ 예 사진으로 소중한 추억을 간직해요.
  ❷ 예 악기 연주를 하면 스트레스가 풀려요.
3 예 영화관에서 새로 개봉한 영화를 봤어요. 상상력을 자극하는 재미있는 영화였어요.

㉠ 저녁마다 일기를 써요. 오늘 어떤 일이 있었는지 생각하고 반성도 해요.

4 ㉠ 모루 인형 만들기. 모루 인형을 직접 만들면 재미도 있고 다 만들고 나면 뿌듯한 마음이 들어요.

3 ❶ 텔레비전
   ❷ 에어컨
   ❸ 사물함

4 ㉠ 지우개 가루 청소기. 전원을 켜고 지우개 가루가 있는 곳에 원을 돌리듯이 지나가면 지우개 가루가 말끔히 사라져요.

05일 아빠는 회사원이에요

1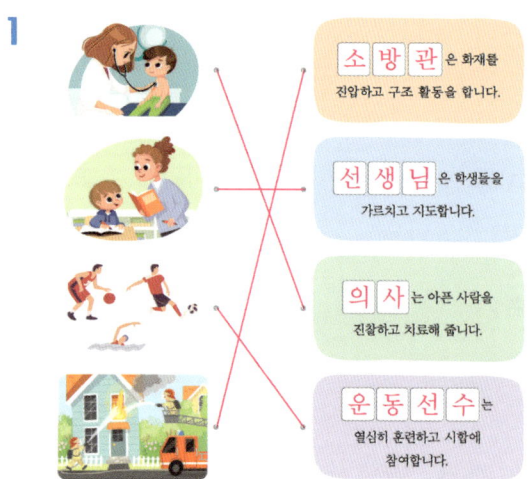

2 ❶ ㉠ 그래서 과학자가 되는 게 꿈이에요.
   ❷ ㉠ 마치 내가 작가가 된 것 같아요.

3 ❶ 그런데
   ❷ 그리고

4 ㉠ • 수의사
     • 유기견이나 유기묘를 구출하고 치료하며 돌봐 주고 싶어요.

06일 제발 고장 내지 마세요

1 • 가위, 잘라요, 종이, 손
  • 연필깎이, 연필, 손잡이
  • 선풍기, 바람, 손가락

2 ❶ 책상
   ❷ 정수기

07일 책을 매일 읽어요

1

2 ❶ 제목
   ❷ 사건
   ❸ 시간, 장소

3 ❶ 위인전
   ❷ 동화책
   ❸ 역사책

4 ㉠ 거북은 자고 있는 토끼를 발견하고 토끼를 깨웠어요. 놀란 토끼는 거북에게 고마워하며 함께 결승점에 들어갔어요.

08일 보기 좋은 음식이 먹기도 좋대요

1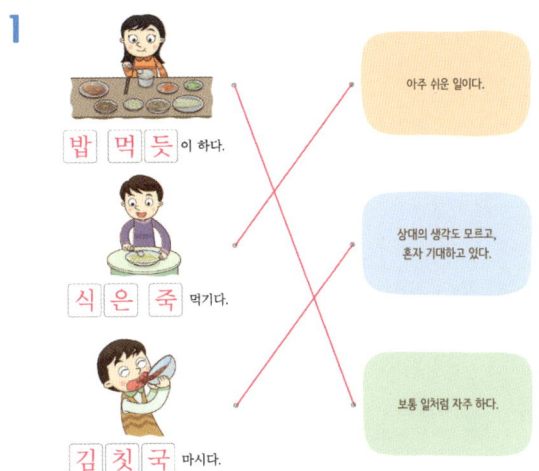

2 ❶ 밥 먹듯이
❷ 김칫국을 마셔요
❸ 식은 죽 먹기

3 ❶ 콩, 콩
❷ 떡
❸ 고기

4 ㉮ 아무리 노력해도 도저히 이길 수가 없는 경우를 의미합니다.

09일 여름에는 수영, 겨울에는 눈싸움

1 (위에서 왼쪽부터) 겨울, 가을, 여름, 봄
❶ 따뜻한
❷ 시원한
❸ 울긋불긋한
❹ 소복이

2

3 (위에서 왼쪽부터) ㉮ 방학, 더워요, 추워요, 수영장, 눈썰매장

4 ㉮ 나는 가을을 좋아해요. 가을은 하늘이 푸르고 선선한 바람이 불어서 기분이 좋아요. 알록달록 단풍으로 물든 산도 아름다워요.

10일 특별한 장소에 다녀왔어요

1 → 역사
→ 축제
→ 전통 시장
→ 학교, 학교

2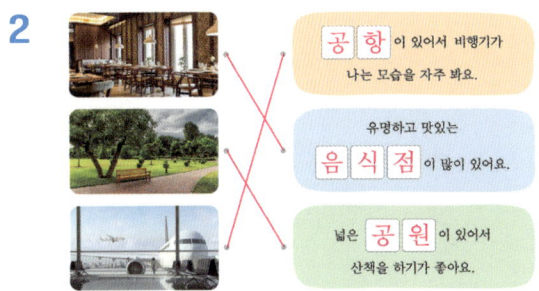

3 ❶ ㉮ 많은 여행객이 비행기를 타기 위해 공항에 와요.
❷ ㉮ 우리 동네에는 호수 공원이 있어서 경치가 좋아요.

4 ㉮ 우리 동네에는 바다가 있어서 신선한 해산물을 먹을 수 있어요. 여름에는 바다에서 수영도 할 수 있어요.

✏️ 창의적 글쓰기

TIP 처음 만난 다른 사람에게 나를 소개할 때 무엇을 소개해야 하는지 생각해 봅니다. 나의 이름은 무엇이고, 나의 취미나 특기, 나의 좋은 점과 고쳐야 할 점, 내가 좋아하는 음식과 싫어하는 음식, 장래 희망은 무엇인지 자유롭게 글로 표현합니다.

3장 일어난 일을 표현해요

01일 가족과 여행을 갔어요

1 엄마, 이모, 삼촌, 할아버지
2 → 가족, 비행기
  → 낚시, 물고기
3 ❶ 쿠키
  ❷ 야구장
  ❸ 놀이공원
4 ❶ (예) 삼촌이 결혼을 해서 결혼식에 갔어요.
  ❷ (예) 가족들이 함께 대청소를 했어요.
5 (예) • 부모님의 결혼 기념일에 뷔페에 갔어요.
  • 여러 가지 다양한 음식을 보니까 먹음직스러웠어요. 내가 좋아하는 치킨과 피자를 계속 먹을 수 있어서 행복했어요.

02일 친구와 싸웠어요

1 운동하기, 도와주기, 간식 먹기
2 → 놀이터, 그네
  → 도서관, 책
3 ❶ (예) 너무 아파서 병원에 갔어요.
  ❷ (예) 생각하지 못한 일이라 더 고마웠어요.
4 ❶ 그러나
  ❷ 그래서
  ❸ 그런데
5 (예) 전학을 간 친구가 편지를 보냈어요. 편지를 보고 너무 반가웠어요.

03일 비가 내려요

1 → 비, 우산, 장화
  → 눈, 눈사람, 눈싸움
2 ❶ (예) 솜사탕, 베개, 흐리다
  ❷ (예) 번개, 비, 무섭다

> **TIP** 느낌을 나타내는 낱말을 찾아 써 봅니다.

3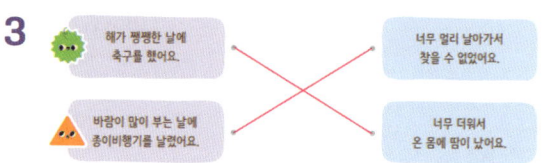

4 ❶ (예) 빙판 길에 넘어지지 않도록 조심해야 해요.
  ❷ (예) 소나기까지 쏟아져서 너무 무서웠어요.
5 (예) • 안개가 많이 꼈어요.
  • 엄마와 차를 타고 가는데 앞이 잘 보이지 않아서 사고가 날 뻔 했어요.

04일 주말에는 도서관에 가요

1 → 공원, 두발
  → 동물원, 관찰
  → 보드 게임, 승리
2 ❶ (예) 나는 커다란 미끄럼틀 통 안에 숨었어요.
  ❷ (예) 사람이 많아서 간신히 회전목마를 탔어요.
3 (예) 엄마를 따라 시장에 갔어요. 싱싱한 채소와 신기한 물건이 많았어요.
4 (예) • 엄마, 아빠와 함께 찜질방에 가고 싶어요.
  • 뜨끈한 방에 들어가서 찜질도 하고, 시원한 식혜와 구운 달걀도 먹고 싶어요.

05일 교실은 너무 즐거워요

1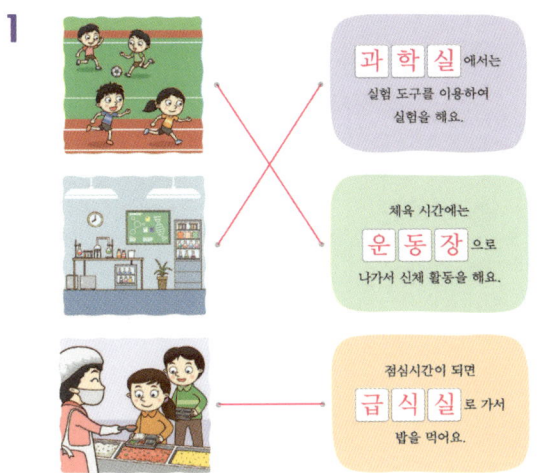

2 ① 예) 학교 도서관에 책이 있는지 찾아볼 거예요.
② 예) 달리기 시합에서 1등을 해서 상품을 받고 싶어요.

3 ① 그렇기 때문에
② 그렇지 않으면

4 예) 학교에서 학급 회장 선거를 했는데 내가 회장이 되었어요. 앞으로 선생님을 도우며 학급을 잘 이끌어 나가겠다고 다짐했어요.

06일 어린이날은 어린이를 위한 날이에요

1 • 어린이날, 5월 5일, 어린이
• 어버이날, 5월 8일, 부모님
• 스승의 날, 5월 15일, 스승

2 ① 설날, 새해, 떡국, 세배
② 추석, 풍년, 송편, 민속놀이

3 ① 예) 동생의 입학식에 할머니와 할아버지께서도 오셨어요.
② 예) 드디어 기다리던 방학식 날이에요.
③ 예) 예쁜 꽃다발을 들고 누나의 졸업식에 갔어요.

4 예) • 스승의 날
• 스승의 날에 담임 선생님께 정성스럽게 쓴 손 편지를 드렸어요. 선생님께서 좋아하시는 모습을 보니 흐뭇했어요.

07일 반려동물을 사랑해요

1 (위에서 왼쪽부터) 고양이, 거북, 앵무새, 햄스터, 금붕어, 강아지

2 선인장, 고무나무, 행운목, 난초

3 ① 스트레스
② 책임감

4 예) 나는 강아지를 키우고 있어요. 이름은 코코이고, 갈색의 푸들이에요. 꼬리는 짧지만 키가 크고 다리도 길어요. 애교가 많아서 온 가족의 사랑을 받아요.

08일 시작이 반이래요

1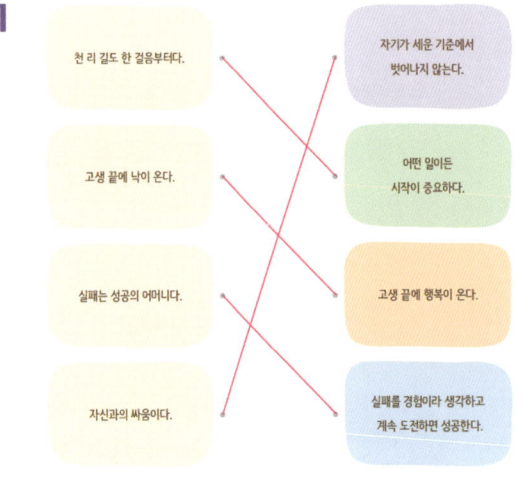

2 ① 고생 끝에 낙이 온다.
② 자신과의 싸움이다.
③ 천 리 길도 한 걸음부터다.

3 ❶ 근질근질
　❷ 한발
4 ㉠ 매우 위태롭고 위험한 처지에 놓여 있다.

09일 더하기, 빼기는 너무 쉬워요

1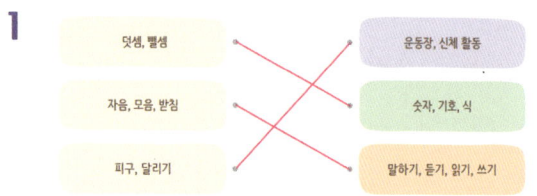

2 ❶ ㉠ 중간에 포기하지 않고 끝까지 풀었어요.
　❷ ㉠ 어느새 책장에 책이 가득해졌어요.
　❸ ㉠ 오늘 경험한 일을 생각해 보며 하루를 마무리해요.
3 ❶ 쉬워요
　❷ 계획표
　❸ 복습
　❹ 여쭤 봤어요
　❺ 마치고
4 ㉠ • 체육
　• 운동장에 나가서 신나게 활동을 하면 즐거워져요. 친구들과 축구나 피구를 즐겁게 할 수 있어요.

10일 일요일은 내가 요리사에요

1

2 ❶ ㉠ 편식을 하면 영양소를 골고루 섭취할 수 없어요.
　❷ ㉠ 주말에는 엄마를 위해 아빠가 요리와 설거지를 하세요.
3 ❶ 요리사
　❷ 씻어요
　❸ 잘라요
　❹ 냄비
　❺ 재료, 넣어요
4 ㉠ 농부가 논에서 정성껏 기른 벼가 쌀이 되면 추수를 해요. 쌀을 깨끗이 씻은 후 밥솥에서 조리하면 맛있는 밥이 돼요.

창의적 글쓰기

TIP 가족이나 다른 가족들과 함께 여행을 갔었던 기억을 떠올려 봅니다. 누구와 언제, 어디로 여행을 갔었고, 떠나기 전의 기분은 어땠는지, 여행을 하면서 한 일과 본 일은 무엇인지, 여행을 하는 중이나 다녀 와서 어떤 느낌이 들었는지 자세히 글로 표현한다면 좋은 기록물이 될 것입니다.

4장 상상하여 표현해요

01일 세종 대왕님과 이야기를 나누어요

1 사건, 결말, 성격
2 → 세종 대왕, 한글
　→ 놀부, 흥부
3 ❶ ㉠ 토끼는 나보다 빠른 동물이기 때문에 전혀 상상하지 못했어.

❷ ㉔ 앞으로는 잘난 척을 하지 않겠다고 반성했어.

4 ❶ ㉔ 심청님, 아버지를 위해 바다에 뛰어들었을 때 무섭지 않았나요?

❷ ㉔ 개미님, 추운 겨울인데 어떻게 많은 식량을 모았나요?

5 ㉔ • 요술 항아리
• 원님의 아버지가 실수로 항아리에 들어갔다가 여러 명이 된 장면이 가장 재미있었어요.

02일 주인공은 행복하게 살았을까요?

1 행복, 변화, 미래

2 → 호랑이, 오누이
→ 소, 게으름뱅이, 약속

3 ❶ ㉔ 겉에서 보기에도 집이 튼튼해 보여서 늑대는 그냥 돌아갔어요.
❷ ㉔ 울타리 안에서 아무것도 먹지 못하고 며칠을 보냈어요.

4 ❶ ㉔ 베짱이는 일을 하는 것보다 노래를 부르는 것이 좋았어요.
❷ ㉔ 개미들은 땀을 뻘뻘 흘리며 쉬지 않고 일을 했어요.
❸ ㉔ 겨울에 먹을 식량을 모아 놓지 않아서 배가 고팠어요.

5 ㉔ 큰 벌을 받은 놀부는 자기의 잘못을 반성하고 주변 사람을 도우면서 살았어요.

03일 흥부와 놀부가 바뀌었어요

1 (순서대로) 욕심, 도왔, 성격, 재산, 부자, 제비, 박씨, 다리, 화해

2 놀부 — 욕심, 이기적, 심술
흥부 — 온순함, 겸손함, 동정심

3 (순서대로) ㉔ 착하고, 욕심이 많았습니다, 나누어 주었고, 가난하게 살았습니다, 마음씨가 착한, 부자가 되었습니다, 심술이 난, 흥부를 도와주었고

04일 타임머신을 타고 과거로 가요

1 → 과거, 서당
→ 미래, 선생님
→ 공룡, 도망

2 ❶ ㉔ 엄마와 아빠의 결혼식에 가서 축하해 드렸어요.
❷ ㉔ 포기하지 않으면 성공할 수 있다고 격려해 주었어요.

3 ㉔ 나는 열심히 일해서 큰 부자가 되었어요. 많은 돈을 어려운 사람을 도우며 살고 있어요.

4 ㉔ • 엄마의 뱃속에 있을 때로 가고 싶어요.
• 엄마가 나에게 어떤 이야기를 해 주셨는지 들어 보고 싶어요.

05일 학교가 아니라 우주로 갔어요

1 (순서대로) 숲, 나무, 그늘, 개울, 언덕, 결승점

2 ❶ ㉔ 숲 속에서 경주를 했어요.
❷ ㉔ 바닷속에서 하고 싶어요.

3 ㉔ 옛날 옛적, 숲 속에는 달리기를 잘 하는 토끼와 느린 거북이 있었습니다. 토끼는 자신의 빠른 달리기 실력을 자랑하며 거북을 비웃었습

니다. 그러자 거북은 토끼에게 바닷속에서 경주를 하자고 제안했습니다. 토끼는 자신만만한 태도로 경주를 하기로 했습니다. 토끼는 숲에서만 살았기 때문에 자기의 수영 실력을 알지 못했습니다. 숲에서는 빠르기 때문에 당연히 바닷속에서도 빠를 것이라고 생각했습니다. 경주를 하기 위해 바다로 들어간 순간 토끼는 숨을 쉴 수 없었습니다. 하지만 거북은 유유히 헤엄을 치며 결승점으로 갔습니다. 토끼는 그동안 거만했던 태도를 반성하고 거북에게 사과를 했습니다.

06일 하늘을 나는 꿈을 꿨어요

1
• 날개, 구름, 새
• 도로, 자동차, 물
• 우주, 지구, 달, 별

2
❶ 빗자루
❷ 이야기
❸ 문

3
❶ 예) 깊은 물에서도 빠지지 않아서 안전해요.
❷ 예) 배가 부를 때까지 먹었더니 살이 쪘어요.

4 예)
• 감옥에 있는 사람들을 찾아가서 꿀밤을 때려 주고 싶어요.
• 평소에는 무서워서 할 수 없기 때문에 투명 망토를 쓰고 나쁜 사람들을 골탕 먹이고 싶어요.

07일 20년 뒤에 나는 어떤 모습일까요?

1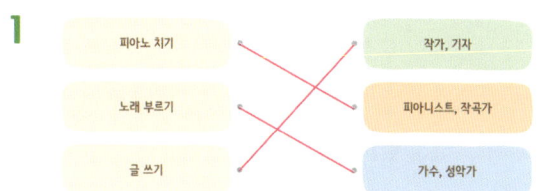

2 청년, 중년, 노년

3
❶ 아이돌
❷ 우주 비행사
❸ 수의사
❹ 작가

4 예)
• 대학생이 되어 친구들과 유럽으로 배낭 여행을 갔어요.
• 유치원에서 사랑스러운 아이들을 돌보고 있어요.
• 초등학교에서 아이들에게 책을 읽어 주는 봉사를 하고 있어요.

08일 갑자기 10만 원이 생겼어요

1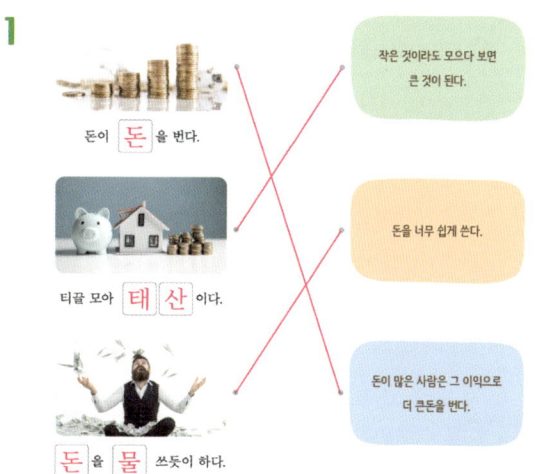

2
❶ 예) 부모님께 선물을 사 드리고 싶어요.
❷ 예) 가격이 비싸서 사지 못했던 젤리를 잔뜩 살 거예요.

❸ ㉘ 다른 친구들에게도 알려 줄 거예요.
❹ ㉘ 일 년 동안 사고 싶은 물건을 수첩에 적어 놓은 후 12월 31일에 가장 갖고 싶은 것을 살 거예요.
❺ ㉘ 더 큰 돼지 저금통을 사서 돈을 옮겨 담을 거예요.
❻ ㉘ 엄마가 커피를 좋아하시기 때문에 카페를 열어서 매일 엄마에게 커피를 드릴 거예요.

→ 안경
→ 가방

2 ❶ ㉘ 베개, 잠이 솔솔 올 것 같아요.
　❷ ㉘ 옷장, 언제나 옷장이 깔끔할 것 같아요.
3 ❶ ㉘ 졸릴 때 자동으로 뒤로 펴져요.
　❷ ㉘ 스스로 채점을 해 줘요.
　❸ ㉘ 요리를 하려고 할 때 재료를 준비해 줘요.
4 (그림 생략) ㉘ 수정 볼펜, 지우개 연필처럼 볼펜으로 글씨를 쓰다가 잘못 썼을 때 바로 지울 수 있도록 수정액이 붙어 있는 볼펜이에요.

창의적 글쓰기

TIP 30년 후의 나의 모습은 어떤 모습일지 상상해 보면 미래의 나의 꿈을 향해 노력할 수 있는 동기가 될 수 있습니다. 나의 가족은 몇 명이고 어떤 직업을 갖고 있을지, 나는 어떤 집에 살고 있고 취미는 무엇인지 자유롭게 글로 표현합니다.

09일 우리 집 강아지가 말을 해요

1

2 ❶ ㉘ "너와 공놀이를 하고 싶어. 공을 던져 줘."
　❷ ㉘ "왜 이렇게 늦게 왔어? 너무 심심했어."
3 ㉘ 물에서 살아서, 낮에는
4 ㉘ 나 : 카피바라야, 안녕? 나와 친구할래?
　　카피바라 : 그래, 좋아.
　　나 : 너는 어떤 성격이니?
　　카피바라 : 나는 온순하고 느긋한 성격이야.

10일 새로운 물건을 만들어요

1 → 우산
　→ 옷

1판 1쇄 발행 2025년 4월 8일
1판 2쇄 발행 2025년 5월 2일

지은이 | 안상현
발행인 | 김형준

기획 | 김아름
책임편집 | 허양기, 박시현, 박영지
디자인 | 권지혜
온라인 홍보 | 허한아
마케팅 | 진선재

발행처 | 체인지업북스
출판등록 | 2021년 1월 5일 제2021-000003호
주소 | 경기도 고양시 덕양구 원흥동 705, 306호
전화 | 02-6956-8977
팩스 | 02-6499-8977
이메일 | change-up20@naver.com
홈페이지 | www.changeuplibro.com

ⓒ 안상현, 2025

ISBN 979-11-91378-71-9 73700

- 이 책의 내용은 저작권법에 따라 보호받는 저작물이므로,
  전부 또는 일부 내용을 재사용하려면 저작권자와 체인지업의 서면 동의를 받아야 합니다.
- 잘못된 책은 구입처에서 바꿔 드립니다.
- 책값은 뒤표지에 있습니다.

체인지업북스는 내 삶을 변화시키는 책을 펴냅니다.